# THE MESSAGE

# 더 메시지

글로벌 거장들의 리더십 플레이북

KATRINA LAKE

BOB IGER

# THE

이지훈 지음

# MESSAGE

# 더 메시지

MASAYOSHI SON    WARREN BUFFETT    REID HOFFMAN

CHIP CONLEY    ZHÈNGFĒI

SCOOTER BRAUN    MATHIAS DÖPFNER    BILL MARRIOTT

# 누군가 나에게 와서
# 이렇게 말해주었으면

기자 시절, 경영 대가들을 만나 인터뷰하고 나선 마지막으로 한 가지를 부탁하곤 했습니다. 당시 학생이던 딸에게 도움이 될 만한 조언을 한마디만 해달라고요. 고맙게도 그분들은 대부분 부탁을 들어주었습니다.

경영 사상가 짐 콜린스는 제 부탁에 3분 정도 고민하더니 종이에 쓰기 시작했습니다. 그리고 읽어주었습니다. "당신만의 고슴도치를 찾아보세요. 그리고 항상 좋은 사람과 함께 일하세요. 왜냐하면 인생이란 결국 사람이니까요." 저는 스마트폰을 꺼내 그 모습을 동영상에 담았습니다. 참고로 고슴도치란 자기가 세상에서 누구보다 잘 하는 일한 가지를 말합니다.

교세라의 창업자 이나모리 가즈오 회장에게 같은 부탁을 하니 한

참을 고민하더군요. 부탁한 것이 미안할 정도였습니다. 꽤 시간이 흐른 뒤 그는 이런 조언을 해주었습니다. "항상 미소를 잃지 말고, 모든 것에 감사하세요. 여러 가지로 힘들고 불만이 있어 감사할 수 없다고 생각할 수도 있지만, 운명에 속았다고 생각하고 항상 감사하는 것을 생각하며 살아가면 좋겠습니다."라고 했습니다. 그렇게 살다 보면 반드시 행운이 찾아온다는 말도 덧붙였습니다. "속았다고 생각하고 감사하라"는 말씀에 마음이 따뜻해지는 느낌이었습니다. 딸에게는 물론 제게도 무엇과도 바꿀 수 없는 소중한 선물이었습니다.

이렇듯, 영감을 담은 대가들의 한마디가 저와 제 딸에게 큰 도움이 된 것을 생각하니, 저도 제가 받은 그 좋은 것을 나누고 싶었습니다. 저는 대가들이 해주는 한마디 조언들을 묶어 책으로 내면 어떨까 생각했습니다. 기자 일을 그만두면서 그 생각은 실현되지 못했습니다. 하지만 이번에 내게 된 이 책이 그 꿈을 반쯤은 실현해 줄 것 같습니다.

이 책은 자신의 분야에서 주목할 만한 성취를 이룬 CEO들에게 한마디 조언을 부탁한다면 과연 어떤 말을 했을까 하는 관점에서 쓰였습니다. 이 책은 온라인 강의 사이트인 '세리SERI CEO'에서 제가 강의한 내용이 토대가 됐습니다. '브라보! CEO 라이프'라는 코너인데, 매달 한 명의 CEO를 선정해 집중 분석하고 있습니다. 많은 분들이 제 강의에 높은 관심을 보여준 데 용기를 얻어 책으로 내게 됐습니다.

어떤 CEO들일까요? 물론 여러분도 아는 유명한 분도 많습니다. 그런데 유명하다고 꼭 선택된 것은 아닙니다. 제 나름대로 정한 인물 선정 기준이 있었습니다. "강력한 원 메시지One message가 있는 사람"이어야 한다는 것이었습니다.

인물을 선정하고 나면 인물에 대해 집중 분석하는 과정에 들어가게 됩니다. 그 인물에 대한 기사, 그가 쓴 책, 그가 한 말 등 가능한 모든 정보를 입수해 읽어봅니다. 그 인물의 내면으로 깊이 들어가는 시간인데, 어떨 때는 그 인물과 대화하는 느낌이 들 때도 있습니다.

그렇게 해서 원 메시지를 뽑아내지요. 그 원 메시지가 강의의 주제가 되고 제목이 됩니다. 아마 그들에게 조언 한마디를 부탁했다면, 비슷한 말을 했을 거라고 생각합니다.

이를테면 대만의 세계적인 자전거 메이커 자이언트 자전거의 창업자 킹 리우 전 회장에게 한 마디 조언을 부탁했다면 그는 이렇게 말했을 겁니다. "봄이 오는 것을 오리가 먼저 안다." 그가 좋아하는 한시의 한 구절입니다. 오리가 늘 물속에 발을 담그고 있기에 강물이 따뜻해지는 것으로 봄을 읽는 것처럼, 우리도 늘 세상의 변화를 남의 일로 받아들이지 말고 민감하게 파악해야 한다는 뜻입니다.

손정의 회장에게 같은 부탁을 했다면 그는 "당신의 10년 후 철포는 무엇입니까?"라고 반문했을 겁니다. 현재에 매몰되지 말고 항상 10년 후를 생각하라는 의미입니다.

누구나 고민하는 시간이 있습니다. 사회에서 맞닥뜨리는 복잡한 일로 잠이 오지 않을 때가 있습니다. 그러나 남에게 털어놓기는 망설여집니다.

그럴 때 누군가 다가와 이렇게 말해 준다면 얼마나 좋을까요? "참 힘들겠구나. 네 마음 다 알아. 나도 비슷한 일 겪어 봤거든. 그런데 이런 생각은 해봤어?"라고 말입니다. 내 복잡한 사정을 어떻게 알았는지 다 헤아려주고 내가 미처 생각하지 못했던 조언을 해주는 겁니다. 그 말이 문제 해결에 직접적으로 도움이 되는 건 아니더라도 문제를 새로운 각도로 볼 수 있는 지혜와 문제를 헤쳐나갈 용기를 함께 얻게 됩니다.

저는 이 책이 그런 든든한 누군가가 돼주기를 바라며 책을 냈습니다.


"이런 생각은 해봤습니까?"라는 말은 워런 버핏이 자주 하는 말입니다. 버핏이 투자한 회사 사장들은 버핏의 투자를 받고 나서 가장 좋은 점이 버핏과 언제든 상의할 수 있는 것이라고 말합니다. 그들이 버핏에게 생각을 물으면 버핏은 여러 예를 들려주며 "이런 건 생각해 봤습니까?"라고 묻는다고 합니다.


강의 준비를 하며 이 말을 처음 접했을 때 마치 보석을 발견한 것 같은 기분이 들었습니다. 버핏의 삶을 압축한 한마디였기 때문입니다. 왜 많은 사람이 세계 최고 부자인 버핏을 질투하거나 나쁘게 보지 않고, 마음에서부터 존경하는지 알게 됐습니다. 내게도 버핏 같은 분이 옆에 있어서 어려울 때 찾아가면 "이런 건 생각해봤어요?"라고 말해준다면 얼마나 좋을까요?

이 책은 CEO들이 들려주는 원 포인트 레슨이라고 해도 좋습니다. 한 인물의 생각을 읽는 가장 빠른 방법은 그가 직접 한 말, 육성肉聲을 많이 접하는 것입니다. 저는 그중에서 그의 생각을 가장 효과적으로 전달할 수 있는 한마디, 원 메시지를 찾아내려고 했습니다. 그러다보니 자연스럽게 잠언서가 되었습니다. 경영 잠언인데, 남의 말이 아니라 경영자들의 인생을 압축한 바로 본인의 말입니다. 그래서인지 한 시청자가 제 강의를 듣고 "강의를 듣는다기보다 누군가와 만나 같이 식사를 하며 이야기를 듣는 느낌"이라고 하더군요. 여러분도 이 책을 읽으며 그런 느낌이었으면 좋겠습니다.

자신만의 혼을 지닌 각 CEO들의 성취를 다룬 이 책은 처음부터 차근차근 읽으셔도 좋고, 순서와 무관하게 읽어도 좋습니다. 목차를 보고 그날 자신에게 끌리는 제목이 눈에 띄면 찾아서 읽으면 됩니다. CEO들이 실제 한 말을 중심으로 소제목을 달았는데, 왠지 그날 자신에게 깊게 다가오는 말이 있을 겁니다.

이 책을 활용하는 한 가지 방법을 알려드립니다. 자신에게 특별하게 와닿는 CEO의 삶을 읽고, 그날 하루 동안만이라도 그대로 살아보는 것입니다. 그의 삶을 곱씹어보며, 내 인생에 대입해보는 겁니다.

그러면 여러분은 이 책을 통해 28명의 삶을 살아볼 기회를 얻게 되는 셈입니다.

아무리 훌륭한 사람도 하루에 두 명 만나면 피곤할 겁니다. 한 번에 28명의 이야기를 다 읽을 필요는 없습니다. 이 책에 소개된 내용들은 짧지만, 한 사람의 인생을 압축한 것들입니다. 한 번에 한 사람씩, 느리지만 깊숙이 그의 인생을 들여다보십시오. 그리고 내 인생과의 접점을 찾아보십시오. 이 책을 통해 여러분이 스스로 생각하는 기회를 갖게 된다면 그것으로 족합니다.

저는 바둑을 즐겨 둡니다. TV에서 고수의 바둑을 보다 보면 실력이 나도 모르게 늘어 놀랄 때가 많습니다. 고수의 형세 판단, 고수의 생각법이 자연스럽게 몸에 익기 때문이겠지요.

여러분이 이 책을 통해 고수들의 생각법에 접하고, 자신의 방식으로 여러분의 삶에 적용해 한 단계 성숙하는 기회가 됐으면 더 바랄 나위가 없겠습니다.

2020년 봄
이지훈

# 차례

# 1

## 봄이 오는 것을 오리가 먼저 안다

春江水暖鴨先知

오리가 늘 물속에 발을 담그고
강물이 따뜻해지는 것으로 봄을 읽듯,
늘 새로운 변화를 민감하게 파악하라.
현재를 결정하는 것은 미래다.

# 한 사람도 같은 사람은 없다
## 카트리나 레이크

우리는 정보의 홍수 속에 살고 있습니다. 네이버 쇼핑에 들어가서 '청바지'라고 입력해 보십시오. 641만 개의 검색 결과가 뜹니다.

우리는 고맙기보다는 오히려 고통스럽습니다. 그리고 생각합니다. "누가 내게 딱 맞는 것을 골라주면 좋겠어." 맥킨지가 "5년 안에 개인화가 마케팅 성공의 가장 중요한 동인이 될 것"이라고 예측하는 이유입니다.

스티치픽스의 창업자 카트리나 레이크는 비슷한 생각을 일찌감치 품었습니다.

10년 전 하버드 경영대학원을 다니던 레이크에게 쇼핑은 즐거운 경험이 아니었습니다. 공부하는 시간을 쪼개야 했고, 옷을 고르기도 어려웠습니다.

그는 생각했습니다. 옷을 고르고 사는 경험을 보다 편리하게 만들 수 없을까? 이 생각은 창업으로 발전했고, 주로 친구인 29명의 고객으로 출발한 서비스가 지금은 연간 320만 명이 이용하는 서비스로 발전했습니다. 회사는 2017년 나스닥에 상장돼 기업가치가 약 3조 원\*에 이르고, 당시 34세였던 레이크는 미국에서 기업을 공개한 최연소 여성이 됐습니다.

스티치픽스라는 회사를 한마디로 표현하면, '전담 코디가 있는 인터넷 쇼핑몰'이라고 할 수 있습니다.

여러분이 체형과 취향 정보를 입력하면 여러분에 딱 맞는 옷이나 신발, 액세서리를 다섯 가지 골라 집으로 보내줍니다. 그중에서 마음에 드는 건 사고, 마음에 들지 않는 건 반송하면 됩니다. 스티치픽스엔 공장이 없습니다. 옷은 이 회사와 제휴한 1,000여 개의 브랜드에서 공급받습니다.

이런 방법으로 스티치픽스가 올린 매출이 2019년 7월까지의 1년 동안 약 1조 8000억 원에 이릅니다. 전년보다 29% 증가한 수치입니다. 어떤 시장보다 경쟁이 치열하고 소비자 취향이 변덕스러운 의류 유통업에서 단기간에 이런 성과를 낸 것은 거의 기적과도 같습니다.

물론 고객의 마음에 쏙 드는 옷을 골라서 추천해야 했겠지요. 레이크가 이 일을 남들보다 월등히 잘 할 수 있었던 비결은 무엇일까요?

쇼핑을 데이터 과학과 연결한 데 있습니다. 쇼핑은 남성보다는 여성의 영역이고, 그러기에 남성의 전유물로 치부되던 IT나 데이터와는 연결고리가 약했습니다. 그러나 여성이면서도 데이터를 좋아한 레이크는 둘을 연결했습니다.

숫자를 좋아한 레이크는 경제학을 전공했고, 졸업 후엔 컨설팅 회사에서 소매업과 외식업을 담당했습니다. 그는 세상이 변했음에도 두 산업이 소비자 경험 측면에선 수십 년 전과 크게 다르지 않고, 특히 데이터 활용 측면에서 미개척지와 다름없다고 생각했습니다.

그는 데이터가 의류 구매의 경험을 개선할 수 있다고 생각했습니다. 옷에 대한 취향이란 것도 결국은 허리둘레, 길이, 옷의 소재, 색상, 패턴과 같은 여러 속성의 조합일 뿐입니다. 모두 단지 데이터일 뿐입니다. 데이터를 충분히 모으면 사람들이 어떤 옷을 원할지 그림이 그려지지요.

그는 자기 생각을 실현하기 위해 창업을 생각했고, 리스크를 최소

----------

● 2020년 1월 17일 현재

017

화하기 위해 하버드 경영대학원에 입학했던 것입니다.

창업 초기 스티치픽스는 고객에게 간단한 설문조사를 하고 거기 맞춰 사람이 옷을 골라주는 개인 스타일리스트 방식이었습니다. 그러나 고객이 어느 정도 모이자 본격적으로 데이터와의 연결을 시도합니다.

획기적인 전기가 된 것이 넷플릭스에서 추천 알고리즘을 담당하던 에릭 콜슨이라는 엔지니어를 찾아간 것이었습니다. 레이크는 "사람들이 쇼핑하는 방식을 바꾸고 싶다"며 도움을 청했고, 콜슨은 새로운 도전에 흥미를 느껴 최고 알고리즘책임자라는 직함으로 입사하게 됩니다. 콜슨이 보기에 스티치픽스는 넷플릭스와 다를 바 없었습니다. 넷플릭스가 사용자의 시청 기록을 분석해 좋아할 만한 영화를 추천하듯, 스티치픽스 역시 고객 데이터를 기반으로 옷을 추천하니까요.

콜슨을 시작으로 현재 스티치픽스에는 무려 125명의 데이터 과학자들이 일하고 있습니다. 이들은 고객 정보에 따라 정확한 추천을 해주는 일에 골몰합니다. 이들이 개발한 다양한 알고리즘을 통해 고객 한 명 한 명에 대한 스타일 지도가 그려집니다. 각 지도는 그 고객에게 맞는 수백 개의 제안으로 구성됩니다. 고객과 인연을 맺는 시간이 길어질수록 데이터는 늘어나고 추천은 더욱 정확해집니다.

그러나 스티치픽스의 옷 추천은 기계에게만 맡겨지지 않습니다. 기계와 인간의 협업에 의해 이뤄집니다. 이 회사엔 주로 파트타임 재택 근무를 하는 5,100명의 스타일리스트가 있습니다. 알고리즘이 일차적으로 옷을 고르지만, 최종 판단을 내리는 건 그들입니다. 레이크 본인도 일주일에 5명의 고객을 스타일링해 줍니다. 레이크는 "좋은 사람과 좋은 알고리즘의 결합은 강력하다"고 말합니다.

레이크가 개인화에 성공할 수 있었던 것은 다양성을 중시하는 남다른 철학에도 기인합니다. 레이크는 혼혈이었기에 다양한 문화와 관점을 이해할 수 있었습니다.

레이크는 키가 크든 작든, 몸무게가 많이 나가든 적게 나가든 모든 사람에게 맞는 옷을 제공할 수 있어야 한다고 생각합니다. 그래서 오버사이즈 옷을 제공하기 시작했습니다. 제휴 브랜드들이 공급을 꺼려한 때는 서비스를 중단했지만, 칼 라거펠드와 제휴해 다시 서비스를 제공할 정도로 집념을 보입니다.

레이크는 Culture fit, 즉 조직 문화 궁합이란 말을 싫어합니다. 반反 다양성이라고 생각하기 때문입니다. 오히려 사람들의 차이를 존중하고 그것이 섞이지 않고 더해지는 Culture add, 즉 문화적 추가가 필요하다고 말합니다. 스티치픽스 이사회의 60%가 여성이고, 기술직원의 35%가 여성입니다.

카트리나 레이크는 말합니다.

"최고의 개인화를 할 수 있는 기업이 최후의 승자가 될 것이다. 우리는 고객을 개인화하는 능력에 의해 살고 죽는다. 그것이 우리의 생명선이다."

카트리나 레이크는 미국 샌프란시스코 출신으로 2011년 패션 큐레이션 스타트업인 스티치픽스를 설립해 연 매출 1조 8,000억 원 기업으로 키웠다. 2017년에 증시에 상장해 기업 가치가 3조 원에 이른다.

저는 자동차의 외관만 보고는 자동차 모델명을 구분하지 못합니다. 제 눈에는 비슷비슷하기 때문입니다. 엠블럼을 보고서야 비로소 "소나타네", "그랜저네" 하며 차이를 알아차립니다. 제 아내는 그런 저를 보고 놀립니다. "어떻게 그걸 모를 수가 있느냐"는 겁니다. 저는 오히려 제 아내가 신기합니다. 어떻게 그걸 알아차리는지 말입니다.

그런데 사람들이 이렇게 저마다 다르기에 세상은 굴러가고, 또 아름다운 것 같습니다. 획일은 추합니다. 꽃밭에 똑같은 꽃만 있으면 질릴 겁니다. 꽃밭이 아름다우려면 조화가 필요하지요.

기업이 고객 맞춤 서비스를 제공하는 것도 결국 고객 한 사람 한 사람의 차이를 존중하는 한 가지 방법일 겁니다. '조직 문화 궁합Culture fit'이란 말을 싫어한다는 카트리나 레이크의 말이 신선합니다. 기업이 정체성을 가져야 하고 핵심이념을 공유해야 하겠지만, 그걸 빌미로 소중한 개성이 훼손되는 일은 없어야 하겠습니다.

# 1만 년 관성을 깨뜨려라
조셉조셉 형제

사람이 같은 일을 계속하다 보면 정신의 회로가 어떤 패턴을 형성하기 마련입니다. 그리고 그것은 거대한 돌덩이로 변합니다. 혁신가는 다른 사람이 아닙니다. 그 패턴의 2%를 부수고 다른 회로를 접붙일 수 있는 사람입니다.

그렇게 한다면 역사가 1만 년이 넘은 산업에서도 얼마든 혁신할 수 있다는 것을 한 기업의 사례가 일깨워 줍니다.

인류가 사용한 도구 중 가장 오래된 것이 무엇일까요? 그중 하나는 식기일 겁니다. 고분古墳을 발굴하면 토기나 돌 식칼 같은 것들이 꼭 발견되니까요. 가장 이르게는 신석기 시대부터 나타났습니다. 주방용품은 그로부터 1만 년 세월을 거쳤으니 혁신은 불가능하다고 생각할 만합니다.

그런데 영국의 주방용품 브랜드 조셉조셉Joseph Joseph은 그런 고정관념을 보기 좋게 깨뜨렸습니다. 2003년 창업한 이 회사는 도마나 그릇처럼 흔하디흔한 제품을 만드는데도 소비자들은 "어떻게 이런 걸 만들 생각을 했을까?" 하며 감탄사를 내뱉습니다.

예를 들어 볼까요? 이 회사 제품 중 가장 많이 팔린 것은 플라스틱으로 만든, 접히는 도마입니다. 도마에서 채소를 썰고 접시에 옮겨 담다 보면 야채가 접시 주변에 떨어지기 마련입니다. 그래서 도마를 접을 수 있게 했습니다. 썬 채소를 접힌 도마 가운데로 모아서 접시로 쉽게 옮길 수 있습니다. 이 도마는 지금까지 900만 개 이상 팔렸습니다.

이 회사는 이란성 쌍둥이인 창업자 형제의 성姓을 따서 회사 이름을 지었습니다. 10분 먼저 태어난 앤서니는 디자인 부문을 총괄하는 크리에이티브 디렉터로, 동생 리처드는 기업 운영을 총괄하는 매니징 디렉터로 일합니다. 두 사람은 조선일보와의 인터뷰에서 "업계가 '더 이상 새로운 식칼, 새로운 도마는 없을 것'이라는 관성에 젖어 있기 때문에 오히려 더 기회가 있었다"고 말했습니다.

가장 최근에 나온 제품을 하나 살펴볼까요? 도트워터보틀이란 제품은 물을 충분히 섭취하도록 도와주는 물병입니다. 건강을 위해서는 하루에 1.5L 이상 물을 마시면 좋다고 하죠. 하지만 얼마나 마셨는지 체크하기 쉽지 않습니다. 그런데 이 물병에 물을 채워서 다 마신 뒤에 뚜껑을 돌리면 딸깍 소리가 나면서 물병 뚜껑에 점이 하나 표시됩니다. 점이 4개가 표시되면 1.6L를 마셨으니 충분히 마신 셈이죠.

이 회사는 2017년 이 제품으로 세계 3대 디자인상 중 하나인 레드 닷 어워드를 받았습니다. 이 회사는 11번째 이 상을 받았습니다. 이듬해 이 회사는 영국 여왕상 기업 부문에서 혁신 기업상을 받았습니다.

조셉 형제의 할아버지와 아버지는 신업용 유리를 생산하던 기업인이었습니다. 아버지는 유리 도마도 만들기 시작했는데, 형제는 이것을 시대 흐름에 맞춰 다시 디자인해 팔기 시작했고 이 제품으로 새로운 회사를 창업했습니다.

형제 창업자는 주방 기구를 다른 관점에서 들여다보았습니다. 1만 년 동안 주방 기구는 어떤 맛을 내느냐에 목적이 집중됐습니다. 하지만 형제는 사람들의 경험에 집중하기 시작했습니다. 사람들은 주방 기구의 디자인이 얼마나 예쁜가에도 관심을 갖고, 그 주방 기구가 자신의 라이프 스타일과 자신의 생활 공간과 잘 맞느냐에도 관심을 갖습니다.

예를 들어 요즘 대도시에서 혼자 사는 1인 가구가 늘어가고 있습니다. 집이 작아지고 주방도 작아질 수밖에 없습니다. 조셉 형제는 음식 재료를 담아두는 사발과 계량컵을 차곡차곡 겹칠 수 있게 디자인하면 공간 효율성을 높일 수 있다고 생각했습니다. 그래서 나온 게 사발 9개가 들어가는 '네스트'라는 제품입니다.

이 회사 제품은 파격적인 디자인으로 유명합니다. 모양이 장난감

같고, 색상도 화려합니다. 무채색 위주의 주방용품 사이에서 빨간색 도마나 보라색 사발은 강력한 인상을 남깁니다.

앤서니는 "주방용품 브랜드 대부분이 기능성에 집중해왔기 때문에 디자인 요소를 별로 고민하지 않았고, 특히 색은 '그냥 이상하게 보이지만 않으면 되는 것'이었다"면서 "바로 이 부분에서 차별화가 가능하다고 생각했다"고 말했습니다.

기발한 제품 아이디어는 어디서 얻을까요? 리처드 조셉은 "관찰"이라고 말했습니다. 정말 오랜 시간 공을 들여 고객을 관찰한다는 겁니다.

그들은 잠재 고객을 연령별, 직업별, 성별로 나누고 그들의 주방을 직접 찾아 다니며 공통점과 차이점을 찾는다고 합니다. 때로는 일주일, 때로는 반년 가까이 조사를 다닙니다. 10명씩 4~5개 그룹을 동시에 관찰하는데, 예컨대 30대 미혼 직장 여성의 집에 찾아가 어떤 음식을 해 먹고, 어떤 방법으로 요리하고, 설거지는 얼마나 자주 하고, 요리 시간은 평균 몇 분이나 걸리는지를 샅샅이 조사합니다.

리처드는 "바로 그곳에 기회가 있다"면서 "가볍게만 보고 지나치면 사소한 불편은 절대 찾을 수 없다"고 말했습니다.

이 회사의 베스트셀러 중 하나인 4색 도마는 40대 기혼 여성 그룹을 관찰하다가 개발한 제품이라고 합니다. 남편과 아이들을 위해서

정성껏 요리하는 그들은 여러 가지 음식을 동시에 합니다. 그래서 조셉조셉은 색이 서로 다른 4개의 도마를 한 세트로 내놓았습니다. 채소를 썰 땐 초록색 도마를 꺼내 쓰고, 하늘색 도마는 어류, 붉은색 도마는 육류, 흰색 도마는 가공 식품을 처리합니다. 재료가 섞이거나 비위생적으로 되는 걸 막을 수 있습니다.

형제 창업자에게 배울 또 한 가지 포인트는 자기다움에 집중하는 것입니다. 이 회사의 제품은 타깃 고객이 뚜렷합니다. 전문 요리사가 아니라 집에서 요리하는 보통 사람들을 위한 제품을 만듭니다. 견고함이나 기능 면에서는 전문 요리사가 사용하기엔 부족하다는 평가가 있지만, 그들은 그 문제에 개의치 않습니다.

이 회사는 제품을 개발할 때 상상 속 인물을 염두에 둔다고 합니다. 사내에선 존스 부인이라고 부르는데, 그녀는 아주 영국적인 30대 후반의 가정주부이고, 디자인 제품에 아주 약간의 관심이 있습니다. 그렇다고 디자이너 이름을 줄줄 외울 만큼 관심이 많은 건 아니고, 그냥 예쁜 제품을 보면 '예쁘다'고 생각하는 사람입니다. 앤서니는 "이런 존스 부인에게 익숙한 물건을 만들고자 한다"면서 "디자이너들이 좋아하지만, 존스 부인에게 어울리지 않는 제품은 사절"이라고 말했습니다.

더는 우리 업종에 혁신은 힘들다고 생각하십니까?

1만 년 된 산업에서도 혁신의 불씨를 당긴 조셉조셉 창업자의 사례에서 용기와 영감을 얻어 보시길 바랍니다.

리처드 조셉과 앤서니 조셉은 영국 출신의 쌍둥이 형제로 2003년 디자인 전문 주방용품 회사인 조셉조셉을 설립, 회사의 제품이 국제 디자인 어워드에서 여러 차례 수상하는 쾌거를 이뤄냈다. 현재 조셉조셉의 제품은 세계 100개국 이상에서 인기리에 판매 중이다.

고양이를 좋아한 이름난 선승이 있었습니다. 얼마나 애지중지했는지 참선 시간에도 함께 했습니다. 그러다 선승이 입적(사망)하자 고양이를 어떻게 할지가 논의됐습니다. 결국, 제자들은 참선시간에 고양이를 들이기로 했습니다. 고양이가 있는 절에 대해 소문이 퍼졌고, 다른 절에서도 고양이와 함께 수행을 하게 됐습니다. 이 때문에 고양이가 참선 수행에 얼마나 도움이 되는지 지침서가 출간되기에 이르렀습니다.

그렇게 100년이 흘렀고, 어느 절에 이름난 선사가 들어왔습니다. 그는 동물 털에 알레르기가 있어 고양이를 선방에 들어오지 못하게 했습니다. 스님들이 반대했지만, 고양이 없이도 스님들의 수행은 날로 진전했습니다. 그러자 다른 선방에서도 고양이를 내보내게 됐습니다. 파울로 코엘료의 산문집 『흐르는 강물처럼』에서 재밌게 읽은 이야기입니다.

세리SERI CEO에서 제 조셉조셉 강의를 접한 어느 대기업 회장이 특강을 요청해 왔습니다. '불필요한 고양이'를 제거할 용기를 함께 나누고 싶었던 모양입니다.

# 봄이 오는 것을 오리가 먼저 안다
## 킹 리우

73세의 대만 경영자가 있었습니다. 40년간 자전거 회사를 경영했지만, 자전거를 즐겨 타지는 않았습니다. 단지 제품에 문제가 없는지 확인하기 위해서만 탔습니다.

그러던 그가 어느 날 영화 한 편을 보게 됩니다. 청각 장애인 주인공이 자전거로 전국을 일주하는 내용이었습니다. 영화 대사 하나가 가슴에 꽂혔습니다.

"어떤 일은 지금 하지 않으면 평생 할 수 없어."

73세 경영자는 생각했습니다. "지금 자전거를 타지 않는다면, 평생 탈 수 없을 거야." 얼마 후 15일간 대만을 일주하는 925km의 대장정에 나섭니다. 고질병 좌골 신경통과 종아리 혈전정맥염의 고통을 딛고 젖 먹던 힘까지 다해 페달을 밟던 그의 모습에 많은 이가 감동했습니다.

지난 2007년 대만의 세계 최대 자전거 메이커 자이언트의 창업자 류진뱌오劉金標에게 벌어진 이야기입니다. '킹 리우King Liu'라는 영어 이름으로 더 알려진 그는 그로부터 2년 후 중국으로 건너가 20일간 상하이로부터 베이징까지 1,660km를 달렸고, 80세 생일을 기념해 다시 12일간 대만을 일주합니다. 그는 대만 자전거 문화의 심벌, 나아가 도전하는 대만인의 심벌이 됩니다.

그는 사업도 인생도 자전거와 같다고 말합니다. 페달을 밟으면 나가지만, 밟지 않으면 넘어지지요. 그래서 조금이라도 나아가려는 노력을 끝없이 해야 한다는 겁니다.

끊임없이 앞을 향해 나아가는 자전거는 류 회장에게 미래의 중요성을 일깨워주는 상징이기도 합니다. 류 회장은 "현재를 결정하는 것은 미래다"라고 말합니다. 미래를 예상하고 대비하는 것이 바로 현재의 존재 의미라는 것입니다. 그가 좋아하는 "전투가 시작되기 전에 싸우라打仗打在開火前"는 말도 비슷한 맥락입니다.

예를 들어볼까요. 창업 초기 자이언트는 OEM 업체였는데, 어느 날 커다란 기회가 찾아옵니다. 미국 유명 자전거업체 슈윈Schwinn의 수주를 따낸 겁니다. 슈윈과의 관계는 날로 깊어져 자이언트 매출의 75%를 차지하게 됩니다. 회사가 반석에 올라섰다고 만족할 법도 합니다.

하지만 킹 리우는 오히려 걱정되기 시작했습니다. 만일 슈윈이 마음을 바꾼다면 하루아침에 망할 수도 있다고 생각했습니다.

그는 이런 위기의식 때문에 자체 브랜드 '자이언트' 개발에 나섰습니다. 몇 년 뒤, 우려했던 일이 실제로 벌어집니다. 슈윈이 자이언트와 거래를 끊고 중국 선전의 공장에 제조를 맡기기로 한 겁니다.

자이언트는 자체 브랜드를 마련해 시장을 개척해 나가고 있었기에 충격을 줄일 수 있었습니다. 이후 브랜드를 해외 시장에 보급하는 데 박차를 가해 현재 매출 구성은 미국, 유럽, 중국에 비슷한 비중으로 황금비율을 이루고 있습니다.

류 회장은 미래에는 두 가지가 있다고 말합니다. 첫 번째는 내 의지와 무관하게 결정되는 대세입니다. 두 번째는 나 스스로 만들어가는 미래입니다. 한마디로 창의력과 노력이 더해져 만드는 미래입니다. 류 회장의 경영 인생은 시종일관 스스로 미래를 만들어가기 위한 노력이었다고 해도 과언이 아닙니다.

혹자는 "미래가 어떻게 변할지 어떻게 아느냐"라고 의문을 품을 수도 있습니다. 그런 사람들에게 류 회장은 한시 한 구절을 읊어 줍니다. '봄이 오는 것을 오리가 먼저 안다春江水暖鴨先知.' 늘 물속에 발을 담그고 있는 오리가 강물이 따뜻해지는 것으로 봄을 읽는 것처럼, 기업가는 늘 산업 동향을 민감하게 파악해야 한다는 것입니다.

자이언트가 머리카락 굵기의 탄소섬유로 자전거 차체를 개발한 것도 그런 경우였습니다.

당시만 해도 탄소섬유는 항공우주 산업에 제한적으로 활용되고 있었고, 자전거 업계에선 아무도 주목하지 않았지만, 류 회장은 그 가치를 미리 알아보고 연구개발에 전력했습니다. 자전거 라이딩에서 느끼는 가장 큰 즐거움은 속도이고, 그것을 높이는 유일한 방법은 차체 무게를 줄이는 것이기 때문입니다.

그가 자주 하는 말 또 하나가 "어장이 마르기 전에 물고기를 길러라"입니다. 산업이 성숙하면 모두가 다 자란 물고기를 잡는 것 즉 기존 소비자를 빼앗아오는 데만 혈안이 되고, 물고기를 직접 기르는 것 즉 새로운 소비자층을 키우려는 시도는 아무도 하지 않습니다. 하지만 물고기 기르기야말로 지속가능한 기업으로 가는 유일한 방법이라고 그는 말합니다.

현재 세계의 자전거 인구는 20%가 되지 않습니다. 어장의 물고기를 늘리려면 자전거를 타지 않는 나머지 80%를 어떻게 집 밖으로 이끌 것인지, 어떻게 골프채를 내려놓고 자전거를 타게 만들지 고민해야 합니다.

그래서 류 회장의 마지막 도전은 자전거에 문화를 입히는 것이었습니다. 자전거를 단순 교통수단이 아니라 건강한 삶과 공해 없는 사회를 만드는 수단으로 재정의하는 것입니다.

그가 말년에 자전거 전도사로 변신한 것도, 대만을 자전거 섬으로 만들겠다고 선언한 것도 그 일환이라 볼 수 있습니다. 대만에 가보면 서울의 따릉이 비슷한 '유바이크'라는 공공 자전거가 있는데, 세계 어느 도시보다 편리하고 이용자가 많습니다.

자전거 업체인 자이언트가 사업 운영자로 직접 참여한 것이 특징입니다. 교통카드와 연계해 쉽게 빌릴 수 있고, 자이언트가 직접 개발한 자전거가 튼튼하고 편리한 데다, 24시간 서비스 콜센터를 운영하는 등 서비스를 빈틈없이 합니다.

2016년 류 회장은 토니 로 사장과 함께 은퇴하고, 조카와 아들에게 회장과 사장 자리를 넘겨주었습니다. 중국 시장의 급성장세가 꺾이면서 자이언트의 매출은 2016년과 2017년 2년 연속 감소세로 전환했습니다.

류 회장의 어록 하나를 더 소개해 드리며 끝낼까 합니다.
류 회장의 후계자들이 곱씹어야 할 말이기도 합니다.

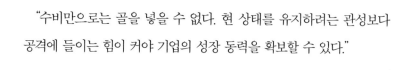

"수비만으로는 골을 넣을 수 없다. 현 상태를 유지하려는 관성보다 공격에 들이는 힘이 커야 기업의 성장 동력을 확보할 수 있다."

킹 리우는 대만 타이중 출신으로 1972년 자이언트를 설립, 세계 최대 자전거 기업으로 성장시켰다. 자이언트는 2017년 한 해 동안 660만 대의 자전거를 팔았다.

킹 리우는 어록이라 할 만큼 울림 있는 말을 많이 합니다. "봄이 오는 것을 오리가 먼저 안다." "어장이 마르기 전에 물고기를 길러라." "수비만으로 골을 넣을 수 없다." 같은 말입니다. 그런데 그런 말들이 모두 본인의 삶과 경험에 맞닿아 있음을 주목할 필요가 있습니다.

빌 조지라는 경영학자는 "리더십이 리더 자신의 인생 이야기에서 우러나고, 과거 경험으로부터 배우려는 노력으로 발전할 때 진정성을 갖게 된다"고 했는데, 킹 리우가 그런 것 같습니다. 그런 리더는 자신의 경험을 수동적 관찰자로서 받아들이는 것이 아니라 검토하고 반성함으로써 배움의 도구로 활용합니다.

강의에는 소개하지 않았지만 킹 리우는 많은 실패를 경험했습니다. 장어 양식장을 했는데 태풍이 닥쳐 하루아침에 쓸려 간 일도 있습니다.

그는 하늘을 원망했지만, 곧 자신의 실수를 깨닫고 반성합니다. 태풍이 오면 해변이 가장 위험하기 때문에 양식장은 해변을 피하는 것이 기본입니다.

투자하기 전에 이런 위험요소들을 더 철저히 평가해야 했던 것입니다.

진정한 리더는 이처럼 실패의 경험을 부인하지 않고, 정직하게 마음의 피드백을 듣고 그것을 통해 성장합니다.

# 플랜 B를 가동하라
## 리드 호프먼

독자 여러분

'베타 테스트'라는 말 들어보셨는지요?

주로 IT 기업이 제품을 공식적으로 발표하기 전에 소수의 사용자가 미리 시험하게 하는 것을 말합니다. 오류가 있는지를 발견하기 위해서입니다. 게임회사도 신작 게임을 내놓으면 베타 테스트를 하는 게 공식입니다.

제품을 출시한 뒤에 베타 테스트를 계속하기도 합니다. 구글 지메일은 2004년에 출시됐지만, 사용자가 수천만 명으로 늘어난 2009년이 되어서야 비로소 베타 테스트를 벗어났습니다.

급변하는 세상에서 우리의 삶의 자세도 베타 테스트 같아야 한다고 주장하는 사업가가 있습니다. 링크드인의 창업자이며 가장 성공한 벤처투자자 중 한 사람인 리드 호프먼은 "영구적 베타"Permanent beta의 삶을 살자고 강조합니다.

미래를 예측하기가 날로 어려워지고 있습니다. 세상이 워낙 빨리 변하니까요. 한 가지 방법은 지속적으로 민첩하게 움직이고 변화하면서, 사업을 시장에서 끊임없이 테스트하는 것입니다.

호프먼은 '실리콘밸리의 오라클'이라는 별명을 갖고 있습니다. 신이 내린 용한 점쟁이라는 뜻입니다. 그가 투자한 페이스북, 에어비앤비, 플리커, 징가, 그루폰 등이 대성공을 거두었기 때문입니다. 그는 스타트업 창업자들이 가장 만나서 조언을 듣고 싶은 사람으로 꼽힙니다.

그런 그가 수많은 스타트업에서 발견한 것은, 단 하나의 완벽한 사업계획에 의해 성공하는 회사는 없다는 사실이었습니다.

그가 창업한 링크드인도 그랬습니다. 초기에 링크드인은 회원들이 스스로 지인을 이메일로 초대하도록 했습니다. 하지만 시행착오를 통해 입소문을 터뜨리는 더 좋은 방법을 찾아냅니다. 회원들이 자신의 주소록을 링크드인에 업로드하게 하고, 그중에서 누가 링크드인 서비스를 이미 이용하는지 확인하는 것이었습니다.

호프먼이 링크드인 창업 전 최고운영책임자로 일했던 페이팔도 늘 바뀌었습니다. 처음 페이팔의 개념은 현금을 휴대전화에 안전하게 보관할 수 있는 암호화 프로그램이었습니다. 하지만 각자의 PDA(휴대용 컴퓨터)를 통해 저녁 식사 비용을 나눠서 낼 수 있으면 좋겠다는 발상을 떠올렸고, 결국 현금을 PDA의 일종인 팜파일럿을 통해 무선으로 주고받을 수 있는 소프트웨어로 발전했습니다. 그러나 당시 소비자들은 무선으로 돈을 주고받는 데 익숙하지 않았고 시장 반응은 기대에 못 미쳤습니다.

그런데 언젠가부터 이베이 사용자들이 페이팔 서비스를 많이 이용하기 시작했습니다. 온라인 경매에서 물품 대금을 결제할 때 수표를 끊어서 우편으로 보내주는 기존 방식이 너무 불편했기 때문입니다. 페이팔은 "아, 어쩌면 이 사람들이 우리 고객일 수 있어"라고 생각했고, 온라인 상거래에 편리한 결제방식을 제공하는 것으로 사업 방향을 전환합니다. 팜파일럿 결제 어플리케이션은 접습니다.

호프먼 본인의 인생 진로도 고정된 길을 따르지 않았습니다. 그는 대학원을 다녀 보고서야 비로소 학계가 자신의 진로가 아니라는 것을 깨닫고 사업의 세계에 뛰어들었습니다.

그는 기업도, 개인도 플랜 A만 고집할 것이 아니라 항상 플랜 B를 생각해야 한다고 말합니다. 플랜 A는 지금 하고 있는 일을 반복적으로 실행하는 걸 말합니다. 플랜 B는 진로의 방향이나 목표를 바꾸거나 목표를 달성하는 중요한 방법을 바꿀 때 필요한 계획을 말합니다.

지금 무슨 문제가 있어야만 플랜 B로 전환해야 하는 것은 아닙니다. 현재 하는 일보다 더 좋은 기회를 발견해서 플랜 B로 갈아탈 수도 있습니다.

호프먼은 온라인 이성 교제 사이트인 소셜넷을 공동 설립했는데, 그러면서 스탠퍼드대 동창 피터 틸이 창업한 페이팔 일을 도와주기도 했습니다. 그는 결국 소셜넷을 떠나 페이팔 최고운영책임자가 되는 플랜 B를 택했고, 그 뒤에 다시 링크드인을 창업했습니다. 그는 일주일에 하루는 플랜 B에 투자하라고 조언합니다.

기업이든 개인이든 성공에 이르는 과정은 최종목적지가 정해져 있지 않은, 끝없는 여행과도 같습니다. 현실은 처음에 계획했던 것과는 전혀 다른 방향으로 흘러가는 경우도 많습니다. 운이 작용한다는 이야기입니다.

그렇다면 우리는 삶을 우연과 운에 맡겨두어야만 할까요? 호프먼은 "노"라고 말합니다. 그는 운이 내게 다가올 확률을 높이라고 말합니다.

그는 젊은 시절 애플에서 일한 적이 있습니다. 그는 처음 사용자 경험 부서로 배치됐습니다. 하지만 일을 시작하고 얼마 되지 않아 그는 애플 같은 회사에선 제품 관리부서가 가장 중요하고 배울 게 많은 곳이라는 것을 알게 됩니다. 그러나 그는 이 분야에 경력이 없었습니다.

그가 생각해 낸 방법은 남는 시간에 공짜로 일을 해주는 것이었습니다. 그는 제품 관리 책임자를 찾아가서 몇 가지 좋은 제품 아이디어가 있다고 말하고, 자신의 일과는 별도로 그 제품 아이디어를 보고서로 제출하겠다고 말하고 실행에 옮겼습니다. 제품 관리자들은 그가 낸 아이디어를 높게 평가해 주었고, 그는 결국 부서를 옮길 수 있었습니다.

세렌디피티Serendipity란 말이 있습니다. '우연한 행운'을 뜻합니다. 그러나 세렌디피티는 적극적으로 뭔가 행동을 하는 과정에서 생겨납니다.

호프먼은 수많은 콘퍼런스와 모임에 참여하고, 마크 저커버그 같은 창업가와 대담을 나누는 팟캐스트를 운영하고, 스탠퍼드대에서 한 학기 강좌를 만들기도 합니다. 플랜 B와 세렌디피티를 만드는 방법의 하나입니다.

수많은 기회가 앞을 스쳐 지나가는 것 같아 안타깝습니까?

좋은 우연을 만들기 위한 시간을 따로 만드십시오. 평소에 안 읽는 책을 읽으십시오. 여행하십시오. 다른 부서 직원과 점심을 드십시오.

인공지능에 대한 세미나에 참여하십시오.

법석을 떠십시오. 그리하여 플랜 B와 세렌디피티를 내 편으로 만드십시오.

리드 호프먼은 미국 캘리포니아 출신으로 2002년 링크드인을 창업했으며, 초기 페이스북에 투자하는 등 실리콘밸리에서 가장 발이 넓고 성공적인 엔젤 투자자로 꼽힌다.

투자회사 사장을 하는 친구에게 학생들 특강을 부탁한 적이 있습니다. 저도 재밌게 들었는데, 강의 내용 중에 "인생은 대부분 뜻대로 되지 않고, 가끔 뜻대로 되기도 한다"라는 대목이 있었습니다.

그 친구가 원래 방송사 PD를 지망해서 방송사까지 찾아갔는데, 인사부장이 "88올림픽 때문에 3년 치 뽑을 인력을 미리 뽑아 몇 년 동안 안 뽑는다"라고 했답니다.
낙담해서 길 건너 은행에 근무하는 친구에게 밥을 사달라고 했더니, 그 친구가 자기 회사 원서를 주면서 시험을 보라고 했고 그곳에 붙어 은행원이 됐습니다.

그 은행에서 외환딜러가 된 것도 우연이었답니다. 외화자금부장이 전화해서 뜬금없이 "포커 잘 치느냐"고 물었다는 겁니다. "따지도 못하고 그렇다고 크게 잃지도 않는다"고 했는데, 딜러로 뽑혔다고 합니다. 나중에 알고 보니 선임자가 손익 변동이 극심해서 골치였기에 잘 따는 것보다 본전을 지키는 포커 실력이 정답이었다는 겁니다.

이런 이야기를 들려주면서 그 친구는 학생들에게 "진로에 대해 고민해야 하지만 지나

치게 걱정할 필요는 없다"고 하더군요. 물론 그렇다고 매사를 운에 맡겼다면 오늘의 그

는 없었을 겁니다. 호프먼이 말하듯이 운이 내게 다가올 확률을 높여야 하겠지요.

## 영감을 찾아 마중 나가라
### 사라 블레이클리

사람들이 기업가에 대해 흔히 가진 오해가 하나 있습니다. 어느 날 그들에게 아이디어가 번개처럼 내리쳤을 것이고, 다음 날 그 아이디어로 억만장자가 됐을 것이란 생각입니다.

하지만 실제는 그것과 아주 다릅니다. 영감은 중요하지만, 그것은 오직 시작의 시작일 뿐입니다. 세계적인 보정 속옷업체 스팽스Spanx의 창업자 사라 블레이클리의 사례가 이를 잘 보여줍니다.

그에게 영감이 내리친 '아하 모멘트'가 일어난 것은 1998년이었습니다. 팩스기기 영업사원을 하던 26세 때 파티에 가려고 옷을 입던 중 머릿속이 번뜩였습니다. 근사한 흰색 바지를 샀는데 막상 입고 보니 뒷모습이 끔찍했습니다. 엉덩이 살은 툭 튀어나오고, 팬티 라인이 그대로 비쳤습니다. 그나마 날씬하게 보이려고 스타킹을 신었는데, 발가

락을 드러내는 신발과 어울리지 않았습니다. 그래서 스타킹의 발 부분을 잘라내고 신었습니다.

그는 그때 '그래! 이것이 여성들이 원하는 거야!'라고 느꼈습니다. 2년 뒤 발 없는 스타킹이 만들어져 시판됐고, 수백만 족이 팔렸습니다. 스팽스는 200종의 제품 라인을 갖춘 보정 속옷의 대명사가 됐고, 매출이 3,600만 달러●를 넘었으며, 그는 2012년 〈타임〉지의 '세계에서 가장 영향력 있는 100인'에 선정됐습니다.

그러나 잊지 말아야 할 것은, 스타킹의 발 부분을 잘라내고 신었던 사람은 사라 블레이클리만이 아니었다는 사실입니다. 그런 사람은 많았습니다. 그러나 그걸 제품화하겠다는 생각을 품고 몇 년의 준비 끝에 실행한 것은 그녀뿐이었습니다.

게다가 블레이클리가 제품 생산을 위탁하기 위해 양말 제조업자들을 찾아다닐 때 하나같이 거절당했고, 미친 사람 취급받기도 했습니다.

블레이클리는 또한 영감을 수동적으로 기다리는 것이 아니라 적극적으로 찾아 나섰다는 점에서 다른 사람과 달랐습니다.
그녀가 무수한 시련을 이긴 비결은 시각화 연습입니다. 미래의 성공한 모습을 마음속에 사진 한 컷으로 담아두는 겁니다. 대학생 때 그녀는 자신의 미래를 시각화했습니다. 성공해서 오프라 윈프리 쇼에 초대되는 것이었습니다.

그 꿈을 이루기 위해 그녀는 10여 년의 시행착오를 하게 됩니다. 아버지처럼 변호사가 되어 유명한 사건을 맡으면 오프라 윈프리 쇼에 나갈 수 있겠다는 생각에 변호사가 되려 했지만 변호사 시험에 두 차례 낙방한 뒤 꿈을 접습니다. 배우가 되려 했지만 역시 여의치 않았습니다. 디즈니랜드에서 캐릭터 옷을 입고 안내원 생활을 하고, 7년간 팩스기기를 팔았지만 오프라 윈프리 쇼에 나가겠다는 꿈과는 거리가 멀었습니다.

그녀는 무언가를 만들어 파는 일이 꿈을 이루는 방법일 수 있다고 생각합니다. '무엇을 팔까?'라는 탐색이 시작됐습니다. 블레이클리는 한 인터뷰에서 당시를 회상하며 "나는 우주에 대고 세상에 가져갈 아이디어를 달라고 간절히 부탁했다"고 말했습니다. 발 없는 스타킹은 우주의 대답이었던 셈입니다.

블레이클리는 처음 생산된 스타킹 한 꾸러미를 꺼내서 포장한 뒤 '이 제품이 탄생하는 과정에 함께해 주셔서 감사합니다'라는 편지와 함께 오프라 윈프리에게 보냈습니다. 윈프리가 언젠가 자신의 쇼에서

----------

● 스팽스는 비상장기업이라 실적을 공개하지 않으나, 〈포브스〉는 이 회사의 2014년 매출을 이렇게 추정했다.

스타킹을 신을 때 발이 불편해 발 부분을 잘라내고 신었다고 말한 것이 그녀에게 용기를 주었기 때문입니다. 윈프리는 이 제품을 좋아해 쇼에서 소개했고, 판매는 날개를 달았습니다.

프로이트는 "영감이 날 찾아오지 않을 때는 내가 그것을 만나러 반쯤 마중 나간다"고 말했는데, 블레이클리는 언제 다가올지 모르는 영감을 찾아 날마다 마중을 나간 셈입니다.

그녀는 "아이디어가 없다"라는 말이 변명일 뿐이라고 생각합니다. 그녀에겐 세상 모두가 아이디어의 재료입니다. 누군가가 입은 옷일 수도 있고, 잡지에서 찾은 사진일 수도 있고, 자연에서 본 색깔일 수도 있습니다. 그녀는 아이디어가 떠오르면 노트에 적어두는데 그게 무려 수백 쪽에 이릅니다.

그녀는 아이디어가 없어 고민이라면, 당장 책상 앞에 앉아 자기 삶과 관련 있는 15가지를 떠올려 보고 노트에 적어보라고 말합니다. 그리고 그것이 어떻게 하면 더 나아질 수 있을지, 왜 그런지를 적다 보면 바로 그 자리에서 큰 아이디어를 얻을 수 있다고 그녀는 장담합니다.

새로운 아이디어란 처음부터 귀인처럼 멋진 모습으로 나타나지 않습니다. 낡고 허름한 모습으로 나타납니다. 그것을 포기하지 않고 물을 주고 햇볕을 쬐어주며 기다릴 때 비로소 꽃으로 피어납니다.

그릿Grit이란 말이 있습니다. '장기적 목표를 위한 불굴의 열정과 끈기'를 뜻하는데, 이 말은 마치 사라 블레이클리를 위해 만들어진 것 같다는 생각이 듭니다. 그녀는 "팩스기기를 팔 때 얼마나 많은 고객으로부터 '안 돼!'라는 소리를 들었는지 모른다"며 "인내심이 없다면 팩스기기를 단 한 대도 못 팔았을 것"이라고 말했습니다.

어릴 적 블레이클리의 아버지는 그녀에게 항상 '오늘은 무슨 실패를 했니?'라고 물었습니다. 그날 실패한 것이 없다고 하면 오히려 실망스러워했습니다. 반대로 뭔가를 했다가 실패했다고 하면 오히려 "아무것도 안 하는 거보다 훨씬 잘했다"며 칭찬해 주었다고 합니다. 그녀는 그 일을 통해 실패에 대해 전혀 새로운 시각을 얻게 되었다고 고백했습니다.

영감을 기다리지 말고 마중 나가십시오. 그리고 그 영감을 행동으로 바꾸십시오. 사라 블레이클리가 여러분에게 주는 조언입니다.

사라 블레이클리는 미국 플로리다 출신으로 1998년 '발 없는 스타킹' 아이디어로 보정 속옷 업체인 스팽스를 설립하고 크게 성공시켰다. 최연소 자수성가형 여성 억만장자로 2012년 <포브스>의 표지를 장식했다.

"영감이 찾아오지 않을 때는 반쯤 마중 나간다"라는 프로이트의 말은 제가 가장 좋아하는 말 가운데 하나입니다. 세계적인 무용 안무가 트와일라 타프가 쓴 『천재들의 창조적 습관』이란 책에서 이 말을 처음 알게 됐습니다. 타프에게 영감을 마중 나가는 방법은 아이디어 긁어모으기입니다. 진행 중인 프로젝트와 관련한 아이디어 조각들을 다양한 방법으로 모으는 겁니다. 책, 다른 사람의 작품, 박물관의 유물 등등 말입니다.

저도 나름의 노하우가 있는데, 책을 읽을 때마다 중요한 부분에 줄을 치거나 메모를 하고 나중에 그걸 다시 문서도구에 입력해 두는 겁니다. 책 내용을 정리하고 복습하는 기회일 뿐 아니라 필요할 때 단어 검색을 통해 필요한 내용을 찾을 수 있으니 소중한 습관이지요.

영감은 요정처럼 다가옵니다. 산책하다 보면 불현듯 고민하던 문제의 실마리가 떠오를 때가 있습니다. 그러면 놓칠까 봐 얼른 메모해두지요. 하지만 그 요정은 준비 없이는 잡을 수가 없습니다. 뜻밖에 다가온 영감이란 요정을 붙잡기 위해서는 내가 그 자리에 있어야 하지요. 자주 마중 나가는 사람일수록 요정은 더 자주 나타납니다.

## 하지 않을 일을 정하라
### 호리에 다카후미

'99%의 회사는 필요 없다.'

'모든 교육은 세뇌다.'

'더 이상 일하지 않아도 좋다―AI와 로봇에 돈벌이를 맡겨라.'

'생각해 본 뒤에 하면 진다.'

요즘 일본 서점에 가보면 어디서나 이런 제목의 책들이 눈에 뜁니다. 벤처기업가 출신의 작가가 썼다는 점이 공통점입니다. 이 작가는 거의 한 달에 한 권 꼴로 책을 펴내는데 지금까지 팔린 책을 합치면 3백만 부가 넘습니다.

호리에 다카후미의 이야기입니다. 10여 년 전 일본 재계를 떠들썩하게 한 인물입니다. 도쿄대 재학 중 벤처사업을 시작해 서른 살에 인터넷 기업 라이브도어 CEO가 된 뒤 일본 사회의 통념에 정면으로 맞서는 돌출 언행으로 늘 화제의 중심에 섰습니다. 적대적 M&A를 통해 후지TV 경영권을 인수하려다가 실패했고, 국회의원 선거에 나가 낙선했습니다. "'천황이 국가의 상징'이라는 내용으로 일본 헌법이 시작된다는 데 위화감을 느꼈다."는 말로 수많은 적을 만들었습니다.

그는 회계 부정 및 증권거래법 위반으로 구속되면서 하루아침에 범법자로 전락합니다. 그러나 그는 옥중에서도 하루 4시간씩 1,000권의 책을 읽고, 이메일 매거진을 발행하는가 하면, 옥중 생활을 담은 책을 내기도 했습니다.

2013년 임시석방으로 풀려난 뒤에도 그는 다채롭고 남다른 삶을 살고 있습니다. 벤처 투자자이자 로켓 개발 사업가, 인터넷 방송 진행자이며, 뮤지컬에 주인공으로 출연하기도 했습니다.

그에 대한 일본인들의 시각은 배금주의에 물든 부도덕하고 무책임한 기업가라는 비판론과 함께 기득권에 도전장을 내민 대가로 표적이 됐다는 동정론이 혼재돼 있습니다. 그는 만화 도라에몽을 따서 호리에몽이라는 애칭으로 불리기도 합니다. 그가 살아가고 주장하는 삶의 방식의 어떤 점이 일본인에게 어필하고 있을까요?

첫째, 그는 소속되지 않는 삶, 프리 에이전트의 삶을 삽니다. 그런 삶을 권장하며 『속하지 않는 용기』란 책도 냈습니다. 회사라는 조직은 산업혁명이 가져온 삶의 방식일 뿐 기술이 급속도로 발전하고 세계의 경계가 사라진 이 시대엔 맞지 않는다고 그는 주장합니다. 스마트폰으로 언제 어디서나 모든 일을 처리할 수 있는 시대에 왜 사람들이 똑같은 장소에, 똑같은 시간에 모여 일해야 하느냐고 그는 반문합니다.

그는 일할 때 프로젝트 단위로 팀을 만들어서 합니다. 이를테면 그는 '호리에 다카후미 혁신대학교'(약칭 HIU)라는 회원제 온라인 커뮤니티를 운영하는데, 회원들이 자발적으로 자유롭게 여러 일을 벌이게 하고 호리에가 도와줍니다.

회원들이 벌이는 일 중 하나가 매년 개최하는 호리에몽 엑스포라는 축제입니다. 음식과 서브컬처, 음악을 버무린 일종의 성인 문화제입니다. 2019년에는 2월 2~3일 이틀간 도쿄 롯폰기에서 개최됐는데, 행사의 독특함과 다양성, 프로그램의 방대함에 입이 딱 벌어집니다.

토크쇼와 최첨단기술을 소개하는 쇼가 있고, 행사 기간이 일본의 명절인 절분 기간임에 맞춰 액막이 풍습인 콩 뿌리기 이벤트가 벌어집니다. 또 아마추어 패션쇼와 격투기, 200명이 참여하는 미팅 등 다양한 행사가 곳곳에서 벌어지고, 행사에 참여하는 식당에 가면 행사 기간 한정 특별 메뉴를 내놓습니다. 여러 행사장을 돌아다니는 데는 DJ 시설을 갖추고 음악을 틀어주는 버스를 이용합니다. 27개의 장소에서 30개 이상의 이벤트가 벌어집니다.

회원들이 재미로 벌인 일인데, 어떤 대형 조직도 엄두를 못 낼 큰일을 해낸 것입니다. 호리에는 이렇게 일하는 편이 훨씬 효율적이므로 "앞으로 회사 같은 상명하달식의 큰 조직을 만드는 일은 없을 것 같다"라고 말합니다. 하고 싶은 일만 하는 것이기에 '힘들지만 돈 때문에'라고 타협할 일도 없다는 겁니다.

둘째, 그는 할 일을 고르는 삶을 추구합니다. 인생에 주어진 시간은 한정돼 있으니 그 시간을 가슴이 두근거리는 일에만 바쳐야 한다는 겁니다. 그러기 위해서는 하지 않을 일을 정하는 것이 중요합니다.

그는 호텔에서 살기에 청소나 빨래를 하지 않습니다. 그는 자신이 열중하고 있는 프로젝트가 청소라면 열심히 하겠지만, 자신에게 청소는 조금도 가슴이 두근거리지 않는 일이기에 할 일 목록에서 청소를 완전히 지워버렸다고 합니다. 그는 옷을 선택하는 일도 친구에게 맡깁니다.

그가 일을 고르는 일차적인 기준은 재미입니다. 그는 재미가 일이 되는 삶을 삽니다. 맛집을 돌아다니는 것이 취미인 그는 이를 사업화해 데리야키라는 맛집 검색 앱을 만들었습니다. 호리에 다카후미 본인을 비롯해 몇 명의 음식 전문가가 직접 발로 돌아다니며 맛집을 발굴합니다.

셋째, 그는 여러 직함을 가지는 삶을 추구합니다. 산업과 산업을 가로막는 장벽이 무너지는 시대에 성년까지 한 가지 직업에 매진하는 것은 자신의 능력을 스스로 제한하는 일이라는 겁니다.

그는 『다동력』이란 책에서 1만 시간의 법칙의 새로운 버전을 이야기합니다. 1만 시간을 투자해야 비로소 한 분야에서 100명 중 한 명의 인재가 될 수 있다는 게 1만 시간의 법칙입니다. 그런데 또 다른 분야에 1만 시간을 투자하면 어떤 일이 벌어질까요? 100명 중 한 명 곱하기 100명 중 한 명이니 1만 명 중 한 명의 인재가 될 수 있습니다. 여기서 멈추지 않고 완전히 다른 분야에 다시 1만 시간을 투자하면 100만 명 중 한 명의 인재가 탄생하고 몸값이 비약적으로 상승한다는 겁니다.

스티브 잡스는 "점과 점을 연결해 나가면 어느새 선이 만들어진다"고 했는데, 이 일 저 일에 빠져들기를 반복하는 사이에 흩어져 있던 점과 점이 생각지도 못한 곳에서 이어진다고 호리에는 말합니다.

그의 모든 의견에 찬성할 필요는 없습니다. 그러나 실험적인 삶을 사는 호리에몽으로부터 포스트 인터넷 시대의 새로운 일의 방식에 대한 힌트를 얻어보시길 바랍니다. 감사합니다.

호리에 다카후미는 일본 후쿠오카 출신으로 포털사이트인 '라이브도어'를 창립해 일본 벤처신화의 주인공으로 떠올랐다. 그는 기업인일 뿐 아니라, 벤처 투자자, 온라인 커뮤니티 운영자, 유튜버, 베스트셀러 작가로 다채로운 삶을 살고 있다.

호리에 다카후미가 하는 말들은 매우 도발적이지만, 후련하기도 합니다. 사람들이 막연히 마음 한구석에 품고 있던 의심을 끄집어내 당당하게 이야기해 주기에 그런 것 같습니다.

제게는 "하지 않을 일을 정하는 것이 중요하다"는 말이 그랬습니다. 할 일을 정하는 거야 당연하겠지만, 하지 않을 일을 정하는 것이 더 중요하다니 망치로 머리를 한방 얻어맞는 기분이었습니다. 하긴 시간은 정해져 있는데, 하지 않을 일까지 다 하다간 정작 할 일은 못 하겠지요.

일본의 정리 컨설턴트이자 베스트셀러 작가인 곤도 마리에를 후배 기자가 인터뷰한 적이 있습니다. "무엇을 버리고 무엇을 남길지 어떻게 정하느냐"고 묻자 "그 물건을 가슴에 대봤을 때 두근거리는 것만 남기고 그렇지 않으면 버려라"는 대답이 돌아왔습니다. 오래도록 마음에 남는 말이었습니다.

누구나 그런 생각을 하지만, 실천은 쉽지 않지요. 관습이나 사회적 압력, 체면 같은 것이 그런 삶을 방해합니다.

다카후미가 그런 삶을 말로만 외치지 않고 용기 있게 실천하는 모습이 더 부러웠습니다.

# 자신의 배를 불사르라
## 스쿠터 브라운

11년 전 어느 날 25세의 미국 대중음악 기획자가 속옷 차림으로 유튜브를 보고 있었습니다. 어느 음반 기획사에서 일하다 해고돼 프리랜서로 일하던 때였습니다.

열두 살 캐나다 남자아이가 한 오디션 프로그램에서 노래를 부르는 동영상이 그를 사로잡습니다. 그 남자아이는 훗날 세계적인 팝스타가 된 저스틴 비버이고, 음악 기획자는 음악산업 역사상 가장 성공적인 기획자로 꼽히는 스쿠터 브라운입니다.

그는 저스틴의 목소리에서 '혼'을 발견합니다. 그리고 마이클 잭슨의 어린 시절을 떠올립니다. 스쿠터는 당장 저스틴의 어머니에게 전화를 걸어 두 모자를 자신이 사는 애틀랜타로 옮겨 오게 하고 모든 생활비를 댑니다. 그리고 저스틴을 키우는 프로젝트에 착수합니다.

스쿠터의 방식은 남달랐습니다. 당시로선 새로운 매체였던 유튜브를 적극적으로 활용한 것입니다. 저스틴이 통기타를 치며 유명 가수의 곡을 부르거나 드럼을 연주하는 동영상을 촬영해 계속 올립니다. 영상의 분량은 30초에서 3분으로 제각각이었지만, 스쿠터가 고집한 한 가지 원칙은 공통으로 담겨 있었습니다. 격식을 파괴한 것입니다. 자기 소개 같은 것 없이 노래를 그냥 자연스럽게 시작하고, 카메라를 바라볼 필요도 없다고 했습니다. 최대한 자연스러운 모습을 연출해 시청자가 훔쳐보는 듯한 느낌을 주려고 했던 겁니다.

기대했던 만큼 반응이 나오지 않았지만, 둘은 계속 영상을 촬영했습니다. 1년이 지나 열여섯 번째 동영상이 드디어 터졌습니다. 'With you'였습니다. 하룻밤 새 100만 조회 수를 기록하고, 다른 영상들까지 후광 효과를 입어 조회 수가 모두 100만을 넘깁니다.

전체 조회 수가 6,000만이 넘어가자 스쿠터는 저스틴을 데리고 계약을 성사시키기 위해 음반 제작사를 돌았습니다. 그러나 모두 거절당합니다. 유튜브에서 잠시 떴다고 유명 가수가 되는 일은 절대 없다는 것이었습니다. 사람들은 그를 미친 사람 취급했습니다.

지인들도 스쿠터를 말리기 시작했습니다. 저스틴을 키우는 일에 1년을 허비했고, 돈도 거의 바닥났으니까요. 그러나 스쿠터는 자신에게는 확실히 보이는 미래가 다른 사람들에게는 보이지 않는 것을 이해할 수 없었습니다. 인터넷이 음악 시장을 바꾸고 있었고, 매일 아침 눈을 뜰 때마다 저스틴의 조회 수는 높아지고 있었으니까요. 스쿠터는 친구들에게 말합니다. "내 인생을 걸었어. 분명 성공할 거야!"

스쿠터는 결국 친구의 친구인 힙합 가수 어셔의 도움으로 어느 음반사와 계약을 체결하게 됩니다. 그 음반사 사장 역시 저스틴의 성공 가능성을 회의적으로 보았지만, 어셔와 계약을 연장하고픈 마음에 어쩔 수 없이 승낙한 것이었습니다. 그리고 어린 뮤지션과 젊은 음악 기획자는 음악산업의 전설이 됩니다. 저스틴 비버는 데뷔 앨범에서만 7개의 곡이 빌보드 핫 100 차트에 오르는 전무후무한 기록을 세웠고, 지금까지 1억 4,000만 장 이상의 음반을 팔았습니다. 스쿠터 브라운은 아리아나 그란데, 카니예 웨스트 등 유명 가수를 계속 발굴했고, 영화와 드라마 제작에도 뛰어들었습니다.

물론 장차 흥행할 음악과 뮤지션을 발굴하는 것은 전문성과 감각을 요구합니다. 하지만 그것보다 더욱 중요한 것은 변화에 수용적인 자세입니다. 빛의 속도라 할 만큼 기술이 발전하는 이 시대엔 더욱더 그렇습니다. 스쿠터의 위대한 점은 SNS와 유튜브라는 새로운 기술과 문화를 편견과 선입관 없이 열린 마음으로 바라보았다는 점입니다.

스쿠터는 말합니다.

"그분들이 살아온 시대도 존중합니다. 저도 언젠가 그분들처럼 될 거예요. 그만큼 세상이 빠르게 변하니까요. 한 가지 확실한 것은, 사람들이 저를 얼빠진 사람이라고 했던 그 기준과 방법들이 현재는 너무도 당연하게 통용되고 있다는 겁니다. 혁신은 계속됩니다. 새로운 무언가가 항상 발명되죠." 스쿠터는 저스틴 비버의 앨범 마케팅에도 자신만의 실험을 계속했습니다. 앨범 공식 발매 한 달 전에 유튜브에 모든 곡을 어쿠스틱 버전으로 미리 공개한 겁니다. 덕분에 앨범과 콘서트에 대한 수요가 미리 형성됐고, 팬들은 가사를 미리 외운 채 공연을 보러 왔습니다.

한국의 싸이를 발굴해 세계적 스타로 키운 것도 바로 스쿠터였습니다. 한국계 미국인 친구가 "재미있는 유튜브 영상이 있다"면서 보내온 싸이의 강남스타일을 흘려 보지 않았던 겁니다.

그는 싸이를 만나 강남스타일이 전 세계에서 대성공을 거둘 것이며, 유튜브의 힘으로 가능할 것이라고 말합니다. 한국어를 그대로 유지하고, 한국을 벗어날 필요도 없다고 말합니다.

싸이의 〈투데이쇼〉 일정이 잡힌 뒤 스쿠터가 야외에서 공연하겠다고 하자 NBC 방송 프로듀서가 난색을 표명했습니다. 싸이가 아직 그 정도 관객을 불러모을 정도는 아니라는 겁니다. 그러나 스쿠터가 트윗 몇 개를 올린 뒤 NBC는 야외 공연을 하자고 전화를 걸어옵니다. 유명 여가수 케이티 페리 때보다 문의 전화가 더 많이 걸려 온다는 것이었습니다. 공연엔 수없이 많은 사람이 몰려들었습니다.

히트할 뮤지션을 발굴하는 것이나, 저평가된 주식을 찾아내는 것이나, 미래의 먹거리가 될 비즈니스를 찾는 것이나 성공의 비결은 비슷합니다. 물결을 거스르는 역발상과 용기, 그리고 끈기를 가지는 것입니다. 이것이 어려운 것은 외로운 선택이기 때문입니다. 모든 사람은 자신의 결정에 누군가 동의해주기 바라고, 함께 가고 싶어 하니까요.

스쿠터 브라운은 다른 사람들이 자기 생각을 의심하고 무시하는 것이 오히려 좋다고 말합니다. 자신을 더 열심히 일하도록 분발시킨다는 겁니다. 반대로 모든 사람이 다 "예스"라고 말하는 일엔 흥미가 가지 않는다고 말합니다. 그런 일은 재미도 없고, 성공할 가능성도 작다는 겁니다.

영국의 대표적인 펀드매니저 앤서니 볼턴은 자신의 가장 성공적인 투자는 투자할 당시엔 매우 불편하게 느껴졌다고 고백했는데, 비슷한 맥락인 것 같습니다. 반면 어떤 투자가 편안하게 느껴지면 그건 이미 너무 늦었던 경우가 많았다는 겁니다.

스쿠터 브라운이 가장 좋아하는 말은 "자신의 배를 불사르라"입니다. 고대 그리스인들은 적의 해안에 도착하자마자 타고 온 배를 불살랐다고 합니다. 배수의 진을 친 거죠. 그런 절박한 심정으로 결정하고 다시는 뒤돌아보지 말라는 겁니다. 브라운은 자신을 믿어주는 사람이 아무도 없어도 자신의 신념을 우직하게 밀어붙였습니다.

스쿠터가 저스틴 비버를 처음 발굴했을 때 그의 수중엔 13개월 치 생활비밖에 없었습니다. 2개월 치 밖에 남지 않아 파산이 다가오자 그는 아버지에게 전화해 울먹이기도 했습니다. 며칠 뒤 기적이 일어납니다. 그가 저스틴 비버와 함께 키우고 있었던 힙합 가수 애셔 로스가 쓴 곡이 크게 히트한 겁니다.

그는 "성공과 실패란 얼마나 가까운가"라고 반문하며 "성공하기 위해서는 실패한 바로 그곳에서 일어서야 한다"고 말합니다.

변화가 두려우십니까? 남들이 다 말리는 일이라 두려우십니까? 스쿠터 브라운의 말에서 용기를 얻어 보시기 바랍니다.

"나는 배짱이 이끄는 대로 살아왔고 앞으로도 그렇게 살고 싶다. 물론 데이터는 중요하다. 그러나 데이터만 분석하고 남들이 원하는 대로만 행동한다면 히트곡은 없을 것이고, 혁신도 없을 것이다."

스쿠터 브라운은 미국 뉴욕 출신 연예 기획자로 저스틴 비버를 발굴, 2013년 〈타임〉지 선정 가장 영향력 있는 인물 100 리스트에 올랐다.

자식 자랑은 팔불출이라지만, 한 가지 확실한 건 제 딸이 저보다는 똑똑하다는 겁니다. 그런데 자신의 실력에 비해 왠지 자신감이 없어 보였습니다.

그래서 어느 설날 딸의 세배를 받고 나서 덕담을 할 때 미리 준비한 글귀 하나를 적어와 읽어 주었습니다. "장악한 듯이 행동하라." 스티브 잡스가 젊은 시절 잠시 몸담았던 아타리라는 회사의 창업자 놀란 부쉬넬이 젊은 잡스에게 해준 조언입니다. 상황을 완전히 장악한 것처럼 행동하면, 사람들이 진짜 그렇다고 생각한다는 겁니다. 어쩌면 잡스는 지나치게 그 조언에 충실하게 살았는지 모릅니다.

실은 자신감이 없는 건 유전입니다. 얼마 전 고수와 골프를 함께 치고 나서 내 골프가 어떠냐고 물었더니 이렇게 대답하더군요. "자신의 플레이에 자신감이 없어 보여요. 그래서 실력의 절반도 발휘하지 못하고 있어요."

그렇기에 다른 사람들이 자기 생각을 의심하고 무시하는 것이 오히려 좋다는 스쿠터 브라운의 자신감이 부럽습니다. 제 딸의 책상에는 제가 써준 글귀가 지금도 붙어 있습니다.

## 해고된 것이 내 인생 최고의 행운
### 스티브 잡스

스티브 잡스는 1985년 자신이 창업한 애플에서 쫓겨나면서 인생 최대의 시련을 만나게 됩니다.

하지만 그 시련이 없었다면 그는 아이폰을 만들지도, 2000년대 최고의 경영자로 꼽히지도 않았을 것입니다.[*]

애플에서 쫓겨나 넥스트와 픽사라는 두 회사를 경영하던 13년 동안 그는 사업가로서, 그리고 인간으로서 변화하고 성장하게 됩니다.

첫째, 잡스는 이상과 현실을 조화시키는 지혜를 배웠습니다.

잡스가 애플에서 쫓겨난 것은 완벽한 제품을 만든다는 이상에 치

---

* 2009년 〈포천(Fortune)〉은 스티브 잡스를 커버스토리로 내세운 한 기사에서 그를 2000년대 최고의 CEO라고 불렀다.

우쳐 시장을 외면한 데도 기인했습니다.

예를 들어 초기 매킨토시 PC는 혁신적인 사용자 인터페이스를 자랑했지만, 대신 속도가 심각하게 느렸고, 냉각 팬을 없애야 한다는 잡스의 고집 때문에 쉽게 고장 나곤 했으며, 다른 PC와 호환성도 없었습니다. 소비자들은 선뜻 지갑을 열지 않았고, 판매는 곤두박질쳤습니다. 한편 잡스는 창업자였지만 CEO가 아니었기에 회사의 재무 상황에 주의를 기울이지 않았습니다.

잡스는 넥스트에서도 비슷한 실패를 되풀이합니다. 최첨단 교육용 컴퓨터를 내놓았지만, 가격이 1만 달러에 이르러 수요자의 지불 의향을 훌쩍 뛰어넘었고, 결국 5만 대가 팔리는 데 그쳤습니다.

그러나 픽사에서 잡스의 처지는 달랐습니다. 당시 픽사는 늘 적자 상태였고, 잡스가 개인 돈으로 운영자금을 메워주고 있었습니다. 돈 걱정할 필요가 없었던 애플 시절과는 크게 다른 점이었지요. 잡스는 훌륭한 제품 못지않게 비즈니스 모델이 중요하다는 것을 깨닫게 됩니다.

잡스는 픽사의 지속가능한 비즈니스 모델에 대해 고민했습니다. 그 결과 기존 주력 사업이던 특수효과용 컴퓨터 제조사업을 접고, 픽사를 엔터테인먼트 회사로 전환합니다.● 넥스트의 하드웨어 부문도 매각했습니다. 요즘 스타트업들에 강조되는 피보팅Pivoting (사업방향 전환)

을 일찌감치 실행한 겁니다.

둘째, 잡스는 협상의 기술을 연마하게 됩니다. 넥스트와 픽사에서 잡스는 갑이라기보다는 을에 가까웠고, 살아남기 위해 갑들과 끊임없이 협상을 벌여야 했습니다.

잡스는 픽사의 영화 제작비를 디즈니로부터 지원받는 협상을 통해 〈토이 스토리〉를 제작할 수 있었습니다. 또 불리했던 계약 조건을 동등하게 바꾸고, 훗날 픽사를 디즈니에 매각하기까지 잡스는 디즈니와 끝없는 밀당을 벌여야 했습니다.●●

훗날 잡스가 고집 센 음반 회사와 아티스트들을 설득해 음원을 아이튠즈 스토어를 통해 인터넷으로 판매하게 하는, 거의 불가능해 보였던 미션을 수행한 것은 어려운 시기에 협상의 기술을 갈고 닦은 것과 무관하지 않을 겁니다.

그는 필요하면 적과 동침하는 지혜도 배우게 됩니다. 그가 애플에 복귀해 가장 먼저 한 일 중 하나는 앙숙이었던 빌 게이츠와 손잡은 것

--------------

● 픽사는 원래 영화에 특수 효과를 내는 소프트웨어를 만드는 회사였다. 단편 애니메이션을 만든 적이 있고 그것으로 아카데미상을 받기도 했지만, 그건 픽사의 특수효과 기술을 보여주기 위한 수단이었으며 본업은 아니었다. 그런데 잡스는 이를 본업으로 전환한 것이다.
●● 잡스가 디즈니의 영화 부문 책임자였던 제프리 카젠버그와 협상을 벌이는 모습을 본 픽사의 존 래시터 감독은 두 고수가 펜싱 경기를 벌이는 듯했다고 말하기도 했다.

입니다. 잡스는 마이크로소프트에 대한 특허 소송을 중단하는 대가로 마이크로소프트로부터 매킨토시 운영 체계를 위한 워드와 엑셀을 계속 개발한다는 약속을 얻어내고 1억 5,000만 달러의 투자 자금도 유치합니다.

셋째, 잡스는 융합의 지혜를 체득하게 됩니다.

그는 기술과 예술을 융합할 때 무한 창조가 가능하다는 것을 픽사에서 배웁니다. 픽사는 실리콘밸리의 기술 문화와 할리우드의 예술 문화가 공존하던 곳이었으니까요.

애플의 제품은 기술적 혁신에 못지않게 높은 수준의 미학적 완성도를 보여주는데, 이는 기술과 예술의 융합이라는 비전이 낳은 성취였습니다. 모든 기기가 연결되어 하나로 통한다는 '디지털 허브' 전략 역시 융합의 지혜가 낳은 아이디어라고 할 수 있습니다.

넷째, 무엇보다 중요한 것은 잡스가 인간적으로도 성숙해졌다는 것입니다.

잡스는 넥스트와 픽사에서도 여전히 까다로운 리더였습니다. 그는 사람들을 깔아 누르고 위협하곤 했고, 공감 능력도 유머 감각도 없었습니다. 그러나 잡스는 서서히 다른 사람을 배려하고 자아를 성찰할 줄 아는 리더로 발전해 갑니다.

픽사를 창업했고 잡스와 20년 이상 함께 일했던 에드 캣멀 회장은 이렇게 말한 적이 있습니다.

"그는 픽사에서 다른 사람들의 말을 듣는 능력을 개발해 나갔고, 점점 더 타인에 대한 공감과 배려와 인내를 보여주었다. 그는 진정으로 현명해졌다."

컴퓨터를 만들던 애플이나 넥스트에서 잡스는 최고의 전문가였지만, 픽사에서는 그렇지 않았습니다. 그는 자신이 잘 알지 못하는 분야에서 픽사의 최고 인재들과 함께 일하면서 그들의 열정과 공헌을 존중하게 됩니다.

그는 과거의 애플에서는 모든 것에 관여했지만, 픽사에서는 거의 무한대로 권한을 위임했습니다. 그는 심지어 영화의 개봉 여부 결정까지 감독들에게 위임하는 용단을 내립니다.

잡스는 애플에 복귀한 뒤 회사 운영은 팀 쿡, 디자인은 조너선 아이브에게 맡기는 등 권한을 적극적으로 위임했습니다. 팀 쿡은 잡스 사후에 CEO가 된 뒤 애플을 계속 성장시키고 1조 달러 기업으로 키워 잡스 이후 애플이 어려워질 것이란 우려를 불식시켰습니다.

어느 날 픽사에서 임원들이 모인 가운데 신작 영화 시사회가 열렸습니다. 끝나자 픽사의 크리에이티브 책임자인 존 래스터가 스티브 잡스에게 어떻게 생각하느냐고 물었습니다.

잡스는 "좋은데요. 물론 제 생각이 중요한 건 아니지만요"라고 말했습니다. 래스터가 "아닙니다. 중요합니다."라고 말하자 잡스는 "아니에요. 여러분이 판단하세요. 전 여러분을 믿어요"라고 말합니다. 존 래스터는 "하지만 우리는 당신의 생각을 알고 싶어요"라고 단호하게 말했습니다.

이 짧은 대화를 통해 잡스가 직원을 믿고 권한을 위임하는 리더가 됐다는 것, 그리고 잡스가 구성원들의 마음속으로부터의 지지를 받게 됐다는 것을 알 수 있습니다.

2011년 잡스가 애플 CEO에서 물러날 때 종업원의 97%가 잡스를 지지했는데,<sup>•</sup> 이는 잡스가 과거의 독단적 리더에 머물렀다면 결코 나올 수 없는 수치였습니다.

잡스의 멘토였고 애플의 이사회 멤버였던 아서 록은 "스티브가 만난 최고의 행운은 우리가 그에게 애플에서 나가라고 한 일이었다"고 말했습니다. 엄하고 혹독한 시절이 그를 현명하고 성숙하게 했다는 것이지요.

잡스 자신도 "그 해고는 참으로 쓰디쓴 약이었지만, 나 같은 환자에게는 필요한 약이었다<sup>••</sup>"라고 했습니다. 그는 "때로는 삶이라는 벽돌

----------

• 직장 평가 사이트 '글래스도어'에 각사 종업원들이 투표한 결과
•• 잡스가 2005년 스탠퍼드대 졸업식 연설에서 한 말이다.

이 뒤통수를 칠 수 있지만, 신념을 잃지 말라"라고도 했습니다.

생각지 못한 시련 때문에 좌절에 빠져 있지 않으십니까?

스티브 잡스를 떠올려 보십시오. 그 시련이 여러분을 영웅으로 담금질하기 위한 예정된 과정이라고 생각해 보십시오. 자신도 모르는 잠재력을 발견해 더 현명하고 성숙해지는 과정이라고 생각해 보십시오.

스티브 잡스는 미국 캘리포니아 출신으로 1976년 스티브 워즈니악과 함께 애플을 창립해 퍼스널 컴퓨터의 시대를 열었고, 픽사 회장을 역임했다. 아이폰을 발매해 스마트폰 시대를 연 선구자로 추앙받은 그는 2011년 췌장암으로 사망했다.

개는 볼 수 있는 색깔이 적다고 합니다. 빨강과 노랑을 모두 노랑으로, 파랑과 보라를 모두 파랑으로 인식한다고 합니다. 물론 후각과 청각은 개가 사람보다 압도적으로 뛰어나지만요.

사람이 볼 수 있는 색깔도 세상에 있는 색깔 전부 다는 아닐 것입니다. 그리고 사람에 따라서도 차이가 있을 겁니다. 이런 생각을 한 적이 있습니다. 고통을 겪은 사람만이 볼 수 있는 색깔이 있을 것이라고요. 마찬가지로 고통을 겪은 사람만이 감지할 수 있는 냄새와 소리도 있을 겁니다.

삶의 부침을 통해서만 그동안 못 보던 색깔을 볼 수 있다는 게 인생의 아이러니입니다. 못 보던 색깔은 예를 들어 공감 능력이 될 수도 있습니다. 아무리 말로는 아픔을 공감한다고 해도 스스로 아파보지 않으면 그럴 수 없으니까요.

스티브 잡스도 해고의 고통을 통해 그동안 못 보던 색깔을 볼 수 있었을 것으로 생각합니다.

# 계산된 위험을 무릅쓰라
## 피터 겔브

혹시 오페라 좋아하세요? 좋아한다고 하면 주변에서 이렇게 말할 겁니다. "취미가 참 고상하네."라고요. 테너 가수 플라시도 도밍고는 오페라를 보러 가지 않는 두 부류의 사람이 있다고 말한 적이 있습니다. 첫 번째는 오페라를 보러 갈 돈이 없는 사람입니다. 19세기의 프랑스 작가 스탕달은 오페라를 세상에서 가장 사치스러운 오락이라고 불렀습니다. 두 번째 부류는 오페라 자체에 관심이 없는 사람입니다.

바로 이런 이유로 세계 3대 오페라단으로 꼽히는 뉴욕 메트로폴리탄 오페라단, 줄여서 메트라고 말하는 오페라단도 경영난에 휩싸였습니다. 관객은 2001년 이후 하향 곡선을 그려 6년 연속 매출은 제자리걸음이었고, 고객의 평균 연령은 매년 높아져 65세가 됐습니다.

이 상황에서 2006년 메트 오페라단의 구원 투수로 영입된 인물이 바로 피터 겔브 당시 소니 클래식 레코드 사社 사장입니다. 메트 오페라단 이사회의 삼고초려 끝에 단장으로 영입된 그는 첨단 IT 기술을 활용해 오페라를 대중화하는 혁신적인 실험을 통해 메트의 경영을 정상화해 나갑니다. 그래서 2011년엔 2004년 이후 처음으로 70만 달러의 흑자를 냈습니다. 그는 120년 역사에 안주하던 메트의 철밥통을 깨뜨린 혁신가로 평가받고 있습니다. 위클리비즈 편집장 시절 후배 이신영 기자는 그를 메트로폴리탄 오페라단 상설 공연장이 있는 뉴욕 링컨 센터 지하 무대에서 만났습니다. 그는 180cm 정도의 키에 중저음의 목소리를 갖고 있었습니다.

그와의 1시간 반에 걸친 인터뷰 중에 한마디가 아직도 생생하게 남아 있습니다. 그는 이렇게 말했습니다.

"메트의 가장 큰 리스크는 전혀 리스크를 지지 않으려는 것이었습니다. 하지만 아무것도 하지 않는 것만큼 큰 리스크는 없습니다."

그가 시도한 혁신 중 대표적인 것이 오페라를 전 세계 영화관을 통해 생중계 배급한 것입니다. 12개의 고화질 카메라로 무대를 생생하게 담아 7개의 위성을 통해 전 세계에 송출함으로써 겔브 단장의 표현을 빌리자면 진짜 오페라를 보는 듯한 착시를 일으키는 거죠. 오페라 전용 극장이라면 300~400달러를 줘야 볼 수 있는 공연을, 영화관에서 10분의 1도 안되는 단 22달러로 누구든지 볼 수 있게 된 것입니다. 이렇게 해서 오페라 전용 극장에선 기껏해야 4,000명이 볼 수 있는 공연이 지금은 전 세계 64개국 1,900개 영화관에서 평균 25만 명이 함께 즐기는 공연이 됐고, 7년 동안 누적 관객이 1,300만 명을 돌

파했습니다.

영화관에서 싸게 오페라를 보면 정작 공연장 관객은 줄지 않을까 하는 우려도 있었습니다. 하지만 75%이던 공연장의 오페라 좌석 점유율이 오히려 평균 80%까지 올랐습니다. 영화관에서 오페라를 보다 보면 실제 무대에서 보고 싶다는 관심이 생겨나기 때문입니다. 관객 평균 연령대도 62세에서 57세로 낮아졌습니다.

물론 메트처럼 120년 전통을 가진 조직에 이런 실험을 도입한다는 것은 결코 쉽지 않은 일이었습니다. 예술가들은 물론 1,500명의 직원과 강성으로 유명한 노조도 예술을 싸구려로 만든다고 강력히 비판했습니다. 그가 할 수 있는 일은 설득밖에 없었습니다. 그는 오전엔 예술 디렉터, 점심식사는 오페라 배우 등 직원들을 매일 만나서 이렇게 설득했다고 합니다. "우리는 지금 예술을 살리기 위한 전쟁을 하고 있다. 살아남기 위해서는 개방하고 실험해야 한다. 그것만이 미래를 보장하고 당신들의 일자리를 책임진다. 당신이 손해 볼 것도 없다"라고 말입니다.

1년 반 만에 동의를 얻어낸 그는 2006년 9월 시즌 오픈 작인 '나비부인'을 뉴욕 타임스 스퀘어 광장에서 무료로 동시 생중계함으로써 거대한 실험의 시작을 세계에 알립니다. 겔브 단장은 당시를 회고하며 이렇게 말했습니다.

"메트는 120년 동안 잠자던 거인이었어요. 제가 그 거인을 깨운 거죠."

이와 함께 그는 무대에도 혁신을 도입합니다. 현대적인 무대를 선호하는 젊은 관객을 위해 베르디의 오페라 리골레토의 무대를 1960년대의 휘황찬란한 라스베이거스를 묘사하는 식으로 재해석했습니다. 오페라 밖의 영역에서 인재를 영입하기도 했습니다. 중국 영화감독 장이머우 감독에게 〈진시황제〉, 영화 〈잉글리시 페이션트〉의 앤서니 밍겔라 감독에게 〈나비 부인〉 연출을 맡긴 게 대표적입니다. 요즘 경영계의 화두인 오픈 이노베이션, 즉 개방형 혁신을 오페라에 도입한 것입니다.

겔브 단장의 혁신이 남의 일처럼 받아들여지지 않는 이유는 많은 조직이 비슷한 고민을 하고 있기 때문일 겁니다. 변화에 대한 조직원의 저항을 어떻게 극복하고, 전통을 지키면서 어떻게 혁신을 도입하며, 새로운 고객을 유치하면서 올드 고객을 어떻게 잃지 않느냐 하는 고민 말입니다.

겔브 단장의 좌우명은 '계산된 리스크를 지라Risk the calculated risk'는 것입니다. 누구도 변화를 싫어합니다. 위험이 따르기 때문이죠. 하지만 변화하지 않는 것이야말로 가장 위험한 도박입니다. 따라서 우리는 변화를 두려워하지 말고 실험하되 철저히 준비해서 그에 따른 위험을 줄여야 합니다.

그는 "위험을 감수하지 않는 사람은 타조와 같다"라고도 했습니다. "타조의 습관이 뭔지 아세요? 모래에 자신의 머리를 푹 집어넣는 겁니다. 다시 말해 숨을 수 없는데 숨으려고 하는 비겁한 동물이 타조입니다." 불사신처럼 절대 망하지 않을 것 같았던, 존경받던 기업들이 요즘처럼 급속도로 무너질 때 우리는 놀랍니다. 메트로폴리탄 오페라단 역시 120년의 역사만으로 미래를 보장받을 수 없다는 것을 깨닫고, 변화를 시도했습니다.

우리 스스로는 어떤지요? 기술과 소비자의 선호가 급속히 바뀌고 있는데도 타조처럼 숨으려고만 하지는 않는지 스스로 짚어볼 필요가 있지 않을까요?

피터 겔브는 미국 뉴욕 출신으로 소니 클래시컬 레코드 대표를 거쳐 2006년 메트로폴리탄 오페라(메트) 단장으로 취임했다. 쇠락해 가던 메트에 오페라의 영화관 생중계를 비롯한 혁신을 일으켜 다시 부흥시켰다.

"계산된 위험"이란 말은 2차 대전 때 조지 패튼 장군이 써서 유명해졌습니다.

"계산된 위험은 감수하라. 이는 단순히 무모한 것과는 전혀 다르다"라고 했지요.

이 말을 들으면 '머니볼'이란 영화가 떠오릅니다. 브래드 피트가 주인공으로 나온 스포츠 영화지요. 실화를 바탕으로 한 이 영화에서 피트가 단장인 오클랜드 프로야구단은 돈으로는 결코 다른 구단들과 경쟁할 수 없는 처지였습니다.

그는 다른 구단과 똑같은 방식으로는 이길 수 없다는 것을 깨닫고, '파괴적 혁신'을 시도합니다. 경제학자를 영입해 선수 스카우트의 과학화를 시도한 것입니다.

그는 철저히 통계에 따라 다른 팀에서 외면한 저평가 선수를 발굴하고 영입합니다. 승리와 연관 관계가 높은 출루율이란 성과지표를 도입하고, 스타 선수를 영입하는 대신 몸값이 비교적 싼 선수 여러 명을 영입해 서로 보완해 스타 선수의 역할을 대신하게 하는 창의적인 방식을 시도합니다.

피트는 위험을 무릅썼습니다. 다른 구단이 한 번도 사용하지 않은 새로운 선수 선발 방

식을 시도했고, 스카우트들과 감독은 강력하게 반대했으니까요. 하지만 그것은 무모한

것이 아니라 계산된 위험이었습니다.

업계가 '더 이상 새로운 식칼, 새로운 도마는 없을 것'이라는
관성에 젖어 있기 때문에 오히려 더 기회가 있었다.

- 조셉 조셉

어장이 마르기 전에 물고기를 길러라.

- 킹 리우

일주일에 하루는 플랜 B에 투자하라.

- 리드 호프먼

나는 우주에 대고 세상에 가져갈 아이디어를 달라고 간절히 부탁했다.

- 사라 블레이클리

앞으로 회사 같은 상명하달식의 큰 조직을 만드는 일은 없을 것 같다.

- 호리에 다카후미

나는 배짱이 이끄는 대로 살아왔고 앞으로도 그렇게 살고 싶다.
물론 데이터는 중요하다. 그러나 데이터만 분석하고 남들이 원하는
대로만 행동한다면 히트곡은 없을 것이고, 혁신도 없을 것이다.
- 스쿠터 브라운


때로는 삶이라는 벽돌이 뒤통수를 칠 수 있지만, 신념을 잃지 말라.
- 스티브 잡스


아무것도 하지 않는 것만큼 치명적인 리스크는 없다.
- 피터 겔브

# 2

# 내가 옳다는 것을 어떻게 아는가

젊은 세대는 알아야 한다.

인공지능 시대에 오히려 감성 지능과

공감 능력이 높은 가치를 지닌다는 것을.

나이 든 세대도 기득권과 선입관을 버리고

젊은 세대와 함께 일하고 배울 수 있어야 한다.

벽을 부수면 서로에게 배울 것이 많다.

# 이런 건 생각해 봤습니까?
## 워런 버핏

"워런 버핏"이란 이름을 들으면 무엇이 떠오르십니까? 투자의 대가, 세계 최고 부자 중 한 사람…

그러나 워런 버핏은 뛰어난 경영자이기도 했습니다. 그는 숫자를 파악하는 데 비상했지만, 사람을 쓰는 데도 비상했습니다. 그는 기업보다는 사람을 발탁함으로써 성공할 수 있었습니다.

사실 워런 버핏은 재벌그룹 오너라고 볼 수 있습니다. 그의 회사 버크셔 해서웨이는 많은 기업을 자회사로 두고 있으니까요.

버크셔 해서웨이는 코카콜라나 애플 같은 주식을 10% 안팎씩 사들여 장기 보유하지만, 어떤 기업은 인수해 직접 경영하기도 합니다. 2018년 말 현재 74개의 기업을 자회사로 두고 있는데, 이 중 대부분을 100% 소유하며, 최소한 80% 이상을 소유하고 있습니다.* 일반적인 투자회사와 크게 다른 점입니다.

자회사들의 면모는 다양합니다. 보험을 비롯해 제조, 에너지, 유통 등 다양한 업종의 기업들이 포함돼 있고, 종업원을 모두 합치면 39만 명에 이릅니다.

그런데 워런 버핏이 재벌 총수라면 다른 점이 많습니다. 가장 다른 점은 자회사에 거의 완전한 자율 경영을 보장한다는 것입니다.

버핏은 기업을 인수할 때 기존 경영자를 그대로 존속시킵니다. 믿을 만한 사람을 면밀하게 고른 다음, 인수하기 전과 마찬가지로 계속 회사를 운영하게 합니다.

버크셔의 CEO들은 본사에 매일 전화 보고를 하거나 주간 보고서를 올릴 필요도 없고, 계열사 사장단 회의에 참여할 필요도 없습니다. 원하지 않으면 다른 회사 사장들과 서로 만날 일도 없습니다. 그룹 경영 방침도 없습니다. 어느 자회사 CEO는 버크셔에 인수되고 20년이 지난 뒤에야 버크셔 본사가 있는 오마하에 발을 디뎠다고 합니다.

버핏은 "뛰어난 CEO에게 그가 맡은 회사의 운영 방법을 하달하는 것은 어리석음의 극치라고 생각한다"며 "그들은 시시콜콜 간섭하면 우리를 위해 일해 주시 않을 것"이라고 했습니다.

버크셔가 인수한 진공청소기 회사 스콧펫처의 CEO 랠프 셰이는 "버핏이 가진 가장 큰 힘은 내가 원하는 대로 기업을 경영할 수 있도록 자유를 부여해 준다는 점"이라며 "다만 모든 책임은 버핏이 아니라 내가 져야 한다"고 말했습니다.

CEO들은 버크셔의 자회사가 되고 나서 버핏과 언제든 상의할 수 있는 것이 가장 좋은 점이라고 말합니다. 시즈캔디의 전 CEO 찰스 허긴스에 따르면 버핏에게 생각을 물으면 "이렇게 하시오"라고 지시하는 법이 없다고 합니다. 그는 여러 예를 들려주며 "이런 건 생각해 봤습니까?"라고 묻습니다. 버핏은 또한 어렵게 보이는 것을 이해하기 쉬운 것으로 만들어 주며, 용기를 불러일으키기에 그와 만나는 건 마치 수업 시간 같다고 CEO들은 말합니다.

자율경영의 전제조건은 사람을 신중에 신중을 기해 고르는 것입니다. 버핏은 사람을 고르는 기준 세 가지를 밝힌 적이 있습니다. 자신의 기업을 마치 100% 소유한 듯 경영하고, 그 기업이 세상에서 가지고 있는 유일한 자산인 듯이 경영하고, 적어도 100년 동안은 팔지 않을 듯이 경영하는 사람입니다.

-----------
● 버크셔 해서웨이 2018년 연차보고서를 참고했다.

버핏이 인수하는 기업의 CEO는 굳이 그 일을 할 필요가 없지만, 일에 대한 애정 때문에 일하는 사람들이라는 공통점이 있습니다. 100년 된 기업을 몇 대째 경영하는 사람도 많습니다. 버핏은 그들을 예술가라 부르며 그들이 연주할 마음이 내키도록 연주회상을 마련해주는 것이 자기 일이라고 말합니다.

그러나 자율경영이 무정부주의를 뜻하는 것은 아닙니다. 버핏은 자회사 경영진이 반드시 지켜야 할 몇 가지 원칙을 정했는데, 흔히 '오너의 매뉴얼'로 불립니다. 그 기본 철학은 앞서 말씀드린 것처럼 경영진이 '오너처럼 행동하라'는 것입니다.

오너의 매뉴얼의 행동 강령 첫 번째는 노력한 만큼 받는다는 성과보상 원칙입니다. 버크셔의 경영자들은 자신이 영향력을 발휘한 결과에 대해서만 보상을 받습니다. 수익성이 좋은 업체를 경영하기에 아무 하는 일 없이 좋은 성과가 났다면 보상을 받지 못합니다.

그러나 버핏은 CEO들이 단기 실적이나 주가에 연연하는 것은 원치 않습니다. 버핏은 경영자의 신규 투자 실적을 평가할 경우 최소 5년 이상을 평가 기준으로 삼습니다.

행동 강령 두 번째는 양적인 성장이 아니라 수익률을 기준으로 평가한다는 원칙입니다. 필요하다면 경영자의 판단으로 얼마든 추가 자본을 투여할 수 있지만, 투자자본의 수익이 기대에 못 미친다면 그에 대한 대가를 치러야 합니다.

　세 번째는 제대로 투자할 자신이 없는 돈은 본사로 보내라는 것입니다. 잉여자본을 그저 쌓아두거나, 혹은 무모하게 '성장을 위한 성장'에 투자할 경우 주주들에게 큰 피해를 주게 됩니다. 그러니 자신이 없으면 탁월한 '자본 배치가'인 워런 버핏이 있는 본사에 보내고, 본업에만 신경 쓰라는 것입니다.

　버핏은 초기에 섬유업 등에서 투자 실패를 겪으며 인간의 본성에 대해 깊이 생각하게 됩니다. 흔히 사람이 무언가에 돈과 노력을 쏟아부었는데 잘 안 되면 실수를 만회할 기회를 잡고자 더욱 깊이 빠져들게 됩니다. 그런 생각이 머리를 지배해 현실을 냉정히 보지 못할 경우 회사는 파산하고 맙니다.

　버핏은 경영자가 이런 '심리적 관성'에 빠지지 않는 것이 매우 중요하다고 생각했습니다. 버핏이 주식 단순투자에 그치지 않고 기업을 인수하게 된 데는 자신이 단순 투자자에 머물러서는 기업이 그런 잘못된 길을 가도 제어할 수 없다는 이유도 있습니다.

　버핏은 이처럼 최고경영자의 선정과 보상, 그리고 자본 배정 문제에는 관여하되 그 밖의 인사 결정과 경영 전략은 해당 경영자에게 믿고 맡겼습니다.

　CEO들은 그래서 소유권을 갖지 않고서도 소유하고 있다는 생각으로 일했습니다. 스타 퍼니처의 전 CEO 멜빈 울프는 "버핏이 일에 조금도 간섭하지 않았기 때문에 버크셔를 위해 일하는 느낌이 들지 않고, 우리 회사를 위해 일하고 있다고 생각했다"고 말했습니다.

　신뢰에 바탕을 둔 워런 버핏의 경영은 "다스리지 않는 것이 최고의 다스림"이라는 노자의 사상을 연상시킵니다. 열국지의 한 대목도 떠오릅니다. "의인물용 용인물의疑人勿用 用人勿疑." 믿지 못하면 쓰지 말고, 일단 사람을 쓰면 의심하지 말라는 뜻입니다.

　워런 버핏은 미국 네브라스카 출신의 기업인이자 투자가로 발군의 투자 능력과 통찰력을 가져 흔히 '오마하의 현인Oracle of Omaha'으로 불린다. 2019년 12월 현재 세계에서 네번째로 부자이다.

위클리비즈 편집장 시절 CEO 인터뷰를 많이 했는데, 대부분 해외 CEO였습니다. 독자들은 "왜 국내 CEO는 잘 등장하지 않느냐"고 묻곤 했습니다. 세계적 화두를 짚는다는 편집 방침도 있지만, 사실은 국내 대기업 CEO들이 인터뷰를 꺼린다는 이유가 훨씬 컸습니다.

회장님도 있는데 자신이 주목받으면 곤란하다는 겁니다. 태양은 하나뿐이고, 태양과 밝기를 겨뤄선 안 된다는 겁니다. 이야기는 다 해 줄 테니 제발 이름이 신문에 안 나오게 해달라는 분도 있었습니다.

과거 어느 재벌 회장은 청문회에서 "주인인 내가 알지 머슴이 어떻게 아느냐"며 임원을 머슴에 비유한 적이 있습니다. 20년도 더 지났는데, 우리 경영계는 여전히 그가 제기한 '머슴론'에서 자유롭지 않은 것 같습니다.

그런 의미에서 재벌 회장이라 해도 무방할 워런 버핏의 '다스리지 않는 다스림'은 우리에게 더욱 큰 울림을 주는 것 같습니다.

# 반항에 상을 주라
데이비드 패커드

만일 여러분이 어느 기업 연구소에서 연구원으로 일하고 있고 신제품을 개발했다고 합시다. 그런데 시제품을 본 경영진은 관심을 보이기는커녕 "내년에 다시 왔을 때 이 제품을 연구소에서 다시 보고 싶지 않다"고 말합니다.

여러분이라면 어떻게 하겠습니까? 크게 실망하며 그 일을 관두는 경우가 많을 것입니다. 하지만 미국 어느 기업의 연구원은 몰래 그 일을 계속했습니다. 그 제품이 필요한 고객이 반드시 있으리라 생각했기 때문입니다.

그는 휴가 기간을 빌려 시제품을 싣고 지방으로 떠났고 제품을 좋아하는 많은 잠재 고객을 찾아냅니다. 한 고객은 그의 상사에게 제품을 계속 개발하라고 설득하기까지 합니다. 훗날, 이 제품은 회사 최고의 히트 상품이 됩니다.

이 일화는 1966년 휴렛팩커드HP에서 실제 있었던 일입니다. 1년 후 이 회사 공동 창업자이자 사장인 데이비드 패커드가 다시 그 연구소에 왔을 때 그 제품은 이미 생산 중이었습니다. 패커드가 화를 내며 "내가 하지 말라고 했을 텐데"라고 하자 문제의 개발자 척 하우스는 이렇게 받아넘깁니다. "아닙니다. 말씀하신 대로 그 제품은 연구소에는 없습니다. 생산 라인에 있습니다."

그 제품은 HP 1,300A라는 모델 명의 대형 디스플레이 모니터였고, 고작 30개 정도 팔릴 것이란 예측을 뒤엎고 1만 7,000개나 팔립니다. 그 모니터를 단 TV로 달에 인간이 착륙하는 모습이 생중계됐습니다.

개발자 척 하우스는 어떻게 됐을까요? 몇 년 뒤 패커드 사장은 그에게 '엔지니어의 통상적 의무를 넘어선 비범한 불복종과 반항'을 치하하며 메달을 수여했고, 훗날 그는 임원으로 승진해 많은 제품 개발을 지휘하게 됩니다. 그의 이름을 따서 '척 하우스 생산성 상'이라는 상도 생겼습니다.

척 하우스는 훗날 이렇게 회고했습니다. "내가 반항적이거나 외고집이었던 것은 아니다. HP의 성공을 간절히 바랐을 뿐이다. 이 일로 일자리를 잃을 것이란 생각은 전혀 들지 않았다."

HP에는 이런 제품이 여럿 있습니다. 최고의 히트 상품 중 하나인 모델 3000 미니컴퓨터 역시 창업자들이 중단시켰지만, 몇몇 기술자들이 가능성이 있다고 보고 몰래 추진한 결과였습니다.

하버드대 경영대학원 에이미 에드먼슨 교수의 표현을 빌리자면 당시의 HP는 '심리적 안전감'이 있는 조직이었다고 할 수 있습니다. 어떤 의견을 말해도 무시당하거나 질책받거나 해고되지 않고 안전하다고 믿는 마음을 말합니다.

HP는 가장 많이 변신한 기업 중 하나로 꼽힙니다. 주요 사업분야만 크게 여섯 번이나 바꿨지요.● 그런데 그 변혁의 대부분을 창업자들이 적어도 초기에는 반대했다고 합니다. 그들이 열린 마음으로 직원들의 의견을 겸허히 받아들이지 않았다면 HP는 결코 세계적인 기업으로 성장하지 못했을 것입니다.

HP의 직원들이 심리적 안전감을 느낄 수 있었던 이유는 무엇일까요? 창업자 빌 휴렛과 데이비드 패커드가 직원을 신뢰하는 문화를 구축해 그들의 기를 살려 놓았기 때문입니다.

하루는 데이비드 패커드가 공장을 돌아보던 중 한 기계공이 플라스틱 사출 금형金型을 만드는 것을 지켜보고 있었습니다. 그는 오랜 시간을 들여 그걸 닦더니 조심스럽게 잘라냈습니다. 패커드는 무심결에 손을 뻗어 금형을 닦았습니다. 그러자 기계공은 "내 금형에서 손 떼시오"라고 소리쳤습니다. 공장장이 "이분이 누군지 아느냐"고 묻자 기계공은 "상관없소"라고 대꾸했습니다. 패커드는 그가 옳다고 말해줬습니다. 그는 중요한 일을 하고 있었고 자기 일에 긍지를 갖고 있었던 것입니다.

패커드는 자사 관리자들에게 이렇게 말한 적이 있습니다. "종업원들은 부분적으로는 돈을 벌기 위해 일합니다. 하지만, 우리는 그들이 가치 있는 일을 성취하고 있다고 느끼기 때문에 일을 하고 있다는 사실도 깨달아야 합니다. 우리의 첫 번째 의무는 그들이 가치 있는 일을 하고 있다는 것을 알리는 것입니다. 명령만 해서는 안 됩니다."

애플의 공동 창업자 스티브 워즈니악은 HP에 4년간 근무했는데, HP를 그만둬야 할지 심각하게 고민했다고 합니다. 기술자들이 일하기에 최고의 직장이라 생각했기 때문입니다.

HP는 매일 오전 10시와 오후 3시에 전 종업원에게 커피와 도넛을 나눠줬고, 매주 금요일 오후면 맥주 파티를 열어 직원들이 서로 어울리며 생각을 나누도록 했습니다.

----

● 오디오/비디오 테스트 장비 → 주파수 영역 테스트 → 전기 엔지니어링 테스트 → 과학 시스템 → 컴퓨터 → 프린터 → 전문 서비스(보안 등)

휴렛과 패커드는 현장을 중시해서 수시로 공장을 돌아다니곤 했는데, 순회 경영이란 말이 생길 정도였습니다. 그들은 매년 1회 성과 리뷰를 위해 부서를 방문할 때마다 특이한 행사를 개최했습니다. 그 부서에서 개발한 최신 제품을 누가 가장 빨리 조립하는지 알아보는 경기였습니다. 이런 행사를 통해 패커드는 재미난 분위기 속에서 아무리 높은 자리에 있는 사람이라도 제품이 어떻게 작동하는지 이해하고, 제조라인에 있는 사람들의 공헌에 감사를 전하는 기회를 만들려고 했던 것입니다.

HP는 이익 배분제를 가장 먼저 도입한 회사 중 하나로 연 2회 회사의 실적에 따라 성과 보너스를 지급했습니다. 또 경기 침체로 구조조정이 불가피했을 때도 직원을 해고하는 대신 2주에 한 번 무급 휴가를 실시해 고통을 나누었습니다.

심리적 안전감이 있는 조직의 조건 중 하나는 리더가 겸손해야 한다는 것입니다. 한번은 HP의 신입사원이 "미스터 패커드"라고 부르자, 데이비드 패커드는 말했습니다. "그렇게 부르지 마세요. 그건 제 아버지 이름이에요." 성 대신 데이비드라고 부르라는 것이었습니다.

패커드의 경영 스타일은 위임과 자율로 요약할 수 있습니다. 패커드는 이렇게 말하곤 했습니다. "좋은 사람을 뽑아라. 그러면 언젠가 그를 필요로 하는 일이 생길 것이다. 우리는 우리가 원하는 것이 무엇인지 그들이 알게 하고, 그러고 나선 그들을 내버려 둔다."

HP가 일궈낸 많은 변화는 경영진의 지시가 아니라 일을 위임받은 인재들이 스스로 머리를 싸매고 뛰어다니며 일궈낸 것이었습니다.

구성원들이 소극적이고 아이디어를 자발적으로 내지 않아 고민입니까? 그들이 어떤 말을 해도 안전하다는 믿음을 주십시오. 그들의 기를 살려 주고, 그들의 반항에 상을 주십시오. 오늘 데이비드 패커드가 주는 교훈입니다.

데이비드 패커드는 미국 콜로라도 출신으로 대학 동기 윌리엄 휴렛과 1939년 팰러 앨토의 작은 차고에서 휴렛팩커드를 설립해 음향 발진기를 내놓으면서 실리콘밸리 1세대 벤처기업으로 역사를 연다. 휴렛팩커드는 직원을 존중하는 특별한 문화를 실리콘 밸리 기업들에 유산으로 남겼다.

위클리비즈 편집장 시절 매주 아이디어 회의를 할 때 저는 회사에서 하지 않았습니다. 분위기 좋은 카페들을 찾아다녔습니다.

회의 형식도 나름 독특했는데, 한 사람이 하나씩 신간 외국 잡지를 먼저 읽은 뒤 관심 있게 본 기사를 요약하고 자신의 느낌과 의견을 덧붙이는 식이었습니다. 그러다 보면 자연스럽게 서로의 생각이 교환되고 어떤 지면을 만들어야 할지 윤곽이 잡히곤 했습니다. 요컨대 처음부터 지면 아이디어를 내라는 식이 아니었던 겁니다. 마음의 부담을 덜어주려는 제 나름의 고안이었는데, 후배들은 어떻게 받아들였는지 모르겠습니다.

리더가 좋은 의도를 가지고, 긍정적인 언어를 쓰며, 비밀을 지켜 줘야 부하는 비로소 안전한 공간이라 인식하고 속마음을 말한다고 합니다. 아쉽게도 한국의 기업문화는 여전히 심리적 안전감과는 거리가 먼 경우가 많습니다. 한국 경영자들이 데이비드 패커드의 사례를 곱씹어 보았으면 좋겠습니다.

# 당신의 DQ와 내 EQ를 바꿔볼까요
## 칩 콘리

대학을 졸업하고서부터 24년간 호텔업을 했던 인물이 있습니다. 대형 호텔은 아니었지만, 개성 넘치는 부티크 호텔들을 잇따라 세워 새로운 물결을 불러일으켰습니다. 마케팅 대가 세스 고딘의 책에 소개되는 등 명성을 얻었고, 호텔은 50여 개로 늘어났습니다. 그는 여러 권의 베스트셀러도 썼습니다.

주아 드 비브르의 창업자 칩 콘리입니다. 그는 52세가 되던 해에 돌연 회사를 팔고 업계를 떠납니다. 그가 회사를 판 것도 충격이었는데, 그의 다음 행보는 더 놀라웠습니다.

에어비앤비에 입사한 것입니다. 파트타임 고문이 되어 달라는 에어비앤비의 창업자 브라이언 체스키의 제안을 수락한 것입니다.

콘리는 고민했습니다. 그는 코딩은커녕 공유경제가 뭔지도 모르고, 나이는 직원 평균보다 두 배나 많습니다. 게다가 숙박업에 관한 한 새까만 후배인, 21세 어린 상사에게 보고해야 합니다. 하지만 그는 결국 제안을 수락합니다. 새로운 세계를 배우겠다는 호기심 때문이었습니다.

그는 체스키를 비롯한 경영진의 멘토였지만, 한편으로는 인턴처럼 그들에게서 배웁니다. 그는 자신을 멘턴(멘토+인턴)이라고 불렀습니다.

그의 능력과 지혜는 환영받았고, 얼마 후 파트타이머가 아니라 주요 부서 책임자가 됩니다. 그러면서 깨닫습니다. 자신처럼 경험 많은 세대가 젊은 천재들과 함께 일한다면 환상의 하모니를 이룰 수 있다는 것을.

칩 콘리가 입사했을 때 에어비앤비는 IT 회사에 가까웠습니다. 하지만 체스키를 비롯한 에어비앤비 창업자들은 고객의 숙소를 찾아주는 것 이상의 회사를 생각했습니다. 고객이 그곳에 머무는 동안 할 일과 그걸 함께 할 사람까지 찾아주는 커뮤니티를 꿈꿨습니다. 그들이 실제로 판매하려 한 것은 호스피탤리티 즉 환대였습니다. 그런데 문제가 하나 있었습니다. 그들이 고객을 어떤 식으로 환대해야 하는지 제대로 모른다는 것이었습니다. 그래서 환대와 서비스 분야의 최고 권위자인 칩 콘리에게 손을 내밀었던 겁니다.

그는 원래 1주일에 15시간을 일하기로 계약했지만, 근무시간은 점점 늘어납니다. 체스키가 도움을 요청한 일이 너무 많았기 때문입니다. 얼마 후 콘리는 글로벌 호스피탤리티 및 전략 책임자라는 직함을 달고 상근직 간부가 됩니다.

그가 했던 일 중 하나는 고객 리뷰 시스템을 개선한 것입니다. 그는 이 시스템을 통해 자신의 집을 빌려주는 호스트에게 어떻게 동기를 부여할지 고민했습니다. 사실 호스트들은 높은 고객평가와 검색순위를 얻기 위해서도 열심히 일하지만, 한편으로 자신의 환대로 손님이 만족하는 것 자체에서 기쁨을 얻기도 합니다.

그는 피드백 루프 시스템을 개선해 에어비앤비 호스트들이 각자 자신의 호스피탈리티 기준을 얼마나 충족했는지 확인하고 손님을 더 잘 알 수 있게 도와줬습니다. 이런 여러 개선의 결과 에어비앤비 고객들의 만족도가 호텔업계 평균보다 50%나 더 높아졌습니다. 호텔 직원도 아니고 공식 교육을 받은 적도 없는 독립된 호스트들이 호텔보다 고객을 훨씬 만족시킨 것입니다. 젊은 직원들의 알고리즘과 콘리의 지혜가 합쳐져 이뤄낸 결실이었습니다.

사실 콘리가 에어비앤비에 합류했던 이유 중 하나는 부티크 호텔과 에어비앤비 사이에 비슷한 점이 있었기 때문입니다. 부티크 호텔이 급성장했던 것은, 고객들이 갈수록 로컬화, 개인화되고 독특한 경험을 원했기 때문입니다. 에어비앤비 고객들이 원하는 것도 비슷했습니다.

그러나 콘리를 가장 빛내준 역할은 젊은 직원들에 대한 사적인 멘토링이었습니다. 콘리는 직원 중에 공감 능력이나 민첩성이 부족한 사람은 누구인지 유심히 관찰하고 그들이 각자의 능력을 향상할 수 있는 방법을 조언해 주었습니다. 부하직원들은 칩 콘리와의 이런 대화를 '칩의 비밀 신병훈련소'라고 불렀습니다.

그는 특히 직원들에게 다른 사람들의 감정을 이해하고 공감하는 것이 얼마나 소중한지 알려 주었습니다. PC와 스마트폰에 정신이 팔려 상대방과 시선을 마주치지도 않고 이야기한다면 무엇을 잃게 되는지 알려주었습니다. 그는 체스키에게 효과적이고 협력적인 팀을 구성하는 방법을 조언했습니다.

콘리는 나아가 관리자들을 위한 리더십 개발 프로그램을 만들었습니다. 에어비앤비 같은 기술회사에선 워낙 젊은 나이에 관리자가 되기 때문에 리더십에 대해 전혀 모른 채 자기보다 몇 살 어린 직원들을 이끌어야 했습니다. 그들을 현명한 관리자로 만들기 위해 교육이 필요했던 것입니다.

직원들은 콘리를 경쟁자로 여기지 않았기에 마음을 열었고 콘리는 그들의 말에 귀를 기울이고 자신감을 주었습니다.

콘리는 젊은 천재들과의 협업 체험을 통해 젊은 세대와 나이 든 세대가 서로 함께 일하며 서로를 보완할 수 있다는 것을 깨닫습니다. 그리고 그 경험을 2018년엔 낸 『일터의 현자』라는 책에 녹여 넣었습니다.

역사상 어느 때보다 젊은 기업가들의 활약이 두드러진 시대입니다. 미국 유니콘(기업 가치 10억 달러 이상 비상장기업) 설립자들의 평균 연령이 31세입니다. 문제는 그들이 인간적으로 성숙하기도 전에 너무 빨리 권력을 갖게 된다는 점입니다.

그런 그들에게 콘리는 베이비붐 세대를 대표해 제안합니다. "당신들의 DQ(디지털 지능)랑 우리의 EQ(감성 지능)를 바꾸지 않을래요?"

현명한 원로들은 스마트폰과 PC에서 눈을 떼고 상대를 마주 보며 이야기하는 게 훌륭한 리더로 성장하는 데 얼마나 도움이 되는지 알려줄 수 있습니다. 크고 길게 보는 지혜도 전해 줄 수 있습니다. 콘리는 말합니다. "젊은 세대는 알아야 한다. 인공지능 시대에 오히려 감성 지능과 공감 능력이 높은 가치를 지닌다는 것을."

한편으로 나이 든 세대도 생각을 바꿔야 한다고 콘리는 말합니다. 원로들이 공경받으면서 막강한 힘을 휘둘렀던 시대는 지났습니다. 여러분 〈인턴〉이라는 영화 보셨나요? 영화 속 로버트 드니로처럼 멘토이면서 동시에 인턴이 돼야 합니다. 젊은 동료들의 말투나 문신, 옷, 머리 스타일에 대한 편견도 버려야 합니다.

역사적으로 지혜는 늘 아래로 흘러갔습니다. 그런데 이제 지혜가 양방향으로 흐르게 되었습니다. 콘리는 역설합니다. "벽을 부숴버리면 서로에게 배울 것들이 많다."

독자 여러분 중에는 정년 이후의 삶을 고민하는 분도 있을 겁니다. 스타트업에서 멘턴으로 일하는 것도 방법이라고 생각합니다. 용기를 내어 젊은 창업자에게 다가가 이렇게 말해 보십시오.

"당신의 DQ랑 내 EQ를 바꿔보지 않을래요?"

<hr />

칩 콘리는 미국 캘리포니아 출신으로 26세에 '주아 드 비브르 호스피탈리티'를 설립해, 세계에서 두 번째로 큰 부티크 호텔 브랜드로 성장시켰다. 24년 동안 자신이 세운 회사의 CEO로 재직한 뒤, 2013년에 에어비앤비에 입사해 브라이언 체스키 CEO의 멘토이자 글로벌 환대 및 전략 책임자로 일했다.

영화 <인턴> 보셨는지요?

나이 든 인턴 로버트 드니로가 젊은 사장 앤 해서웨이의 회사에서 인턴으로 일하는 이야기인데요. 그 회사의 인사 담당자가 노령 인턴제를 왜 도입하려 하는지 앤 해서웨이에게 설명하는 대목이 있습니다.

그는 말합니다. "평생의 경험을 가진 인턴이 있다고 생각해 보세요. 지난 4년 동안 술 먹기 게임이나 했던 사람과는 대조적이지요." 또 그 영화의 홍보 문구는 이랬습니다. "경험은 결코 늙지 않는다. 결코 유행에 뒤떨어지지도 않는다."

그 소중한 '경험'이 단순히 나이가 들었다는 이유로 사장되니 안타까운 일입니다. 나이든 세대의 경험을 젊은 창업자들과 나눠보라는 조언은 그래서 더욱 의미 있게 느껴집니다. 물론 드니로처럼 나이가 몇이든, 전에 무슨 일을 했든 다 잊고 일할 자세부터 돼 있어야 하겠죠.

제가 아는 어느 벤처캐피탈 회사 사장은 퇴직한 분들에게 스타트업에 가서 일해 보라고 권유합니다. 인공지능과 공유경제 같은 새로운 세상을 배우고, 젊은 감각과 생각을 키우는 학교라고 생각하란 겁니다. 그는 심지어 무보수라도 좋으니 일해 보라고 말합니다. 거기서 업적을 쌓으면 모시고 가려는 사람이 줄을 서게 될 거라는 겁니다.

그럼 젊은 세대는 왜 나이 든 세대가 필요할까요? <인턴>엔 이런 대사도 나옵니다. "쓰지도 않는 손수건을 왜 갖고 다니냐"는 젊은 직원의 질문에 나이 든 인턴 로버트 드니로가 말하지요. "손수건을 갖고 다니는 가장 큰 이유는 빌려주기 위해서야. 여자들이 울거든." 배려와 공감력이야말로 젊은 세대가 배워야 할 중요한 덕목입니다.

## 내가 옳다는 것을 어떻게 아는가
레이 달리오

혹시 이런 생각을 해본 적이 있습니까?

"내가 옳다는 것을 어떻게 아는가?"

아마 생소할 겁니다. 하지만 이 생각은 세계 최대 헤지펀드인 브리지워터 어소시에이츠의 창업자인 레이 달리오 회장의 인생을 바꿔놓았습니다.

브리지워터는 현재 1,600억 달러의 막대한 돈을 운용하고 있습니다. 이는 지난 2018년까지 26년 중 3년을 제외하고는 매년 플러스 수익률을 기록하고, 2008년 금융위기를 예측할 정도로 판단력이 뛰어났다는 것을 사람들이 평가해준 결과일 겁니다. 그런데 그런 회사의 수장이 자신이 옳다는 것을 어떻게 아느냐고 반문했습니다. 도대체 무슨 일이 있었던 것일까요?

　레이 달리오는 12세 때부터 골프장 캐디 아르바이트를 하며 번 돈
으로 주식투자를 시작했습니다.

　하버드 MBA를 나와 회사를 차린 뒤 승승장구했습니다. 그의 자신
감은 1970년대 말 개도국 채무 위기를 예측할 때 극에 달했습니다.

　그의 예측대로 1982년 멕시코가 채무 불이행 선언을 합니다. 주목
을 받게 된 그는 의회 청문회에 초대받아 가서 말합니다. "경제는 지
금 위기 상태이며 거의 붕괴 직전입니다."

　그러나 그의 예측은 일부만 맞았을 뿐입니다. 미 연준이 통화 공급
을 늘리면서 증시는 오히려 급등했고, 미국 경제도 그 뒤 18년에 걸쳐
성장을 이어가게 됩니다. 예측이 틀린 결과로 그는 거의 파산했고, 모
든 직원을 내보내야 했습니다.

　인생 최대의 좌절을 겪은 그는 깊은 겸손을 배우게 됩니다. 그는 '내
가 옳아'라고 생각하는 대신, 스스로 묻기 시작했습니다. '내 결정이
옳다는 근거가 무엇인가?'

　사람은 누구나 비판받기를 싫어합니다. 사람은 또 인식의 사각지대
가 있기 마련입니다. 이를 어떻게 극복할 수 있는가? 이 문제를 푸는

것이 그의 인생의 과제가 됩니다.

그가 '투자의 성배'라고 지칭한 해결책은 바로 집단 의사 결정 시스템입니다. 리더가 아집에 휩쓸리지 않으려면, 주변에 "노"라고 할 수 있는 똑똑한 사람들이 많아야 합니다. 그러려면 누구나 자신의 의견을 솔직히 이야기하고, 그것이 투명하게 논의될 수 있는 문화가 있어야 합니다.

그는 그런 문화를 투자 판단에서부터 인사 관리에 이르기까지 경영의 모든 분야에 시스템으로 구축하기 시작했습니다. 무려 25년에 걸쳐 말입니다.

결과는 어떻게 됐을까요? 이를테면 오늘날 이 회사에선 입사한 지 1년이 안 된 직원이 달리오 회장에게 이런 메시지를 거리낌 없이 보냅니다. "오늘 회의에서 레이 당신이 한 발표에 D 마이너스를 드릴게요. 회의 준비를 전혀 하지 않았더군요." 놀라운 건, 이런 피드백을 받고 달리오 회장이 기뻐한다는 겁니다.

이 회사에서 회의할 땐 독특한 앱이 이용됩니다. 다른 사람의 주장을 평가하는 앱인 도트 컬렉터입니다. 방식은 이렇습니다. 컴퓨터의 앱을 열면 수십 개의 평가 항목이 뜹니다. 예를 들어 '다른 생각에 열려 있다'라거나 '여러 가능성을 본다'는 항목이 있습니다. 직원 한 명이 어떤 항목에 대해 달리오 회장의 평가 점수를 10점 만점에 3점으로 매깁니다. 회의 내내 이런 평가가 계속 업데이트되고 모든 사람에 대한 평가 결과가 모두에게 오픈됩니다.

이 과정을 통해 참가자는 자신의 의견을 전체적인 맥락에서 객관적으로 보게 됩니다. 그리고 스스로 질문을 던지기 시작합니다. "어떻게 내 생각이 옳다고 확신하는가?" 컴퓨터 시스템은 이 과정을 지켜보면서 의미 있는 신호를 찾아내 해당자에게 조언을 전달합니다.

이런 극단적인으로 솔직한 문화에 불편해하고 회사를 떠나는 직원도 적지 않았습니다. 이런 문화에 적응하는 데는 최소한 1년 반이 걸린다고 달리오 회장은 말했습니다. 하지만 가족이 서로의 약점을 잘 알기에 오히려 편하게 지내듯이, 조직 구성원도 모든 것을 공개하면 오히려 편해진다고 합니다.

달리오 회장은 몇 년 전 식도 질환에 걸린 후 다른 의견의 중요성을 더욱 절감하게 됩니다. 그는 세계적인 의사 세 명을 만났는데 의견이 제각각이었습니다. 누구는 암으로 전이될 가능성이 크니 당장 수술을 해야 한다고 한 반면, 누구는 좀 더 증상을 살펴보자고 했습니다. 결국은 수술 없이 증상이 사라졌지만, 다른 의사들의 견해를 물어보지 않았다면 그의 인생은 달라졌을 것입니다.

주목할 것은, 브리지워터의 집단 의사 결정이 단순 다수결 식이 아니라는 겁니다. 해당 문제 해결에 신뢰도가 높다고 판단되는 사람, 예를 들어 예전에 다른 사람보다 정확한 예측을 많이 한 사람의 의견에 가중치를 두는 방식을 활용합니다. 동료들의 평가와 다양한 검사 결과를 종합해 가중치를 부여합니다.

이를테면 미 채권시장의 약세가 미 연준의 양적 완화 축소 때문인지 의견을 묻는 투표를 했습니다. 단순 투표 방식으로는 77%가 "그렇다"고 답했습니다. 그러나 신뢰도 가중치 방식으로는 "그렇지 않다"가 88%로 나와서 결과가 전혀 달랐습니다. 이렇게 두 투표 결과가 일치하지 않으면 다시 토론하고, 그래도 해결되지 않으면 신뢰도 투표 결과를 따릅니다.

달리오 회장은 집단 의사 결정의 장점에 대해 이렇게 말했습니다. "나의 눈과 함께 다른 사람들의 눈으로 세상을 바라보게 되면서 세상이 흑백에서 컬러로 변했다." 그는 자신이 약한 분야에 강점이 있는 사람들에게 도움을 청하는 방법을 반드시 배워야 한다고 충고합니다.

물론 달리오 회장의 방법이 모든 경우에 정답일 수는 없습니다. 하지만 중요한 것은, 그가 자신이 틀릴 수 있다는 사실을 뼛속 깊이 자각하고, 이를 보완할 수 있는 과학적인 방법을 집요하게 파고들었다는 것입니다. 그리고 그것을 치열하게 실천했다는 것입니다.

"나는 내가 모른다는 사실을 안다"고 했던 소크라테스의 말이 인류 지성사의 출발점이 됐듯, "내가 틀릴 수도 있다"는 달리오 회장의 생각은 그와 그의 회사의 도약을 가져다주었습니다.

여러분은 자신이 옳다는 것을 어떻게 아십니까?
레이 달리오 회장이 오늘 여러분에게 던지는 질문입니다.

레이 달리오는 미국 뉴욕 출신으로 1975년 브리지워터 어소시에이츠를 설립, 세계 최대 규모의 헤지펀드로 성장시켰다. 2008년 글로벌 금융 위기를 미리 예견했고, 재산의 반을 기부하기로 서약하는 등 자선사업가로도 유명하다.

제가 글을 쓰면 피드백을 해주는 사람들이 있습니다. 신문에 칼럼을 쓰면 담당 기자가, 세리 CEO에 동영상 강의 원고를 써 보내면 담당 PD가, 책 원고를 쓰면 출판사 직원이 피드백해 줍니다.

피드백은 매우 공손하고 글이 좋다고 칭찬하는 경우가 대부분이지만, 때로는 조심스럽게 글의 문제점을 지적하고 수정 의견을 제시하는 경우가 있습니다. 그런데 그럴 때마다 솔직히 기분이 상합니다. '30년 동안 글쓰기로 먹고산 내게 감히 누가…' 하는 생각이 드는 겁니다. 일반 독자나 시청자의 눈높이에서 바라본 소중한 조언인 걸 제가 왜 모르겠습니까. 솔직하게 의견 달라고 제 입으로 부탁하기도 했고요. 그런데도 마음은 따로 움직이니 내 마음 나도 모르겠습니다.

그렇기에 세계 최고 투자 대가 중 한 사람인 달리오 회장이 "내가 옳다는 것을 어떻게 아느냐"며 입사 1년 차 직원의 비판도 기분 좋게 수용한다는 사실에 큰 충격을 받았습니다. 오만이 고개를 들 때 달리오 회장의 말이 경책警策이 되어 줄 것 같습니다.

# 정직이 최고의 전략이다
## 밥 아이거

2017년 말 디즈니는 초대형 기업 인수로 세상을 놀라게 합니다. 21세기폭스의 영화/TV 부문을 인수한 겁니다. 인수 가격이 524억 달러(57조 원)에 이르는 빅딜이었습니다.

그 인수로 밥 아이거 디즈니 CEO 겸 회장의 리더십이 다시 스포트라이트를 받았습니다. 그는 2005년 디즈니의 CEO가 된 뒤 픽사, 마블, 루카스필름을 차례로 인수해 화제가 됐고, 21세기폭스 인수로 영화 제국 확장의 정점을 찍었습니다.

주목할 것은, 그에게 회사를 넘긴 영화계 거물들이 하나같이 개성과 카리스마 강한 리더들이었다는 점입니다. 그런데 그들이 자식처럼 아꼈던 회사를 모두 아이거에게 기꺼이 넘겼습니다. 밥 아이거는 회사를 믿고 맡길 수 있는 '기업 후견인' 0순위였던 겁니다. 그에게는 남

무서울 것 없는 카리스마 리더들을 순한 양으로 만드는 무엇인가가 있었습니다. 무엇보다 그의 진정성과 솔직함을 꼽을 수 있습니다. 픽사의 사례를 한번 살펴볼까요.

디즈니는 픽사를 인수하기 전에도 픽사에 제작비를 지원하고 픽사가 만든 영화를 배급하는 파트너 관계를 10년 동안 유지했습니다. 그런데도 당시 디즈니 회장 마이클 아이즈너와 픽사의 스티브 잡스와의 관계는 그리 가깝지 않았고, 결국엔 아이즈너가 픽사와의 관계 단절을 선언하기에 이르렀습니다.

디즈니의 CEO가 밥 아이거로 바뀌자 양사의 관계는 180도 바뀝니다. 아이거와 잡스는 애플 사옥에서 역사적으로 만났는데, 당시 분위기를 픽사의 CFO였던 로런스 레비는 이렇게 묘사했습니다.

"회의가 시작된 순간부터 픽사와 디즈니의 관계가 전과는 다른 곡조로 흐르기 시작했다. 스티브와 아이스너의 관계를 특징 지웠던 넘겨짚기와 겉치레는 온데간데없었다. 아이거를 상대할 때는 게임도, 정치도, 가식도 필요 없었다. 그는 똑똑했고 단도직입적이며 솔직한 성격이었다. 10년을 두고 본 중에, 두 회사의 고위급 경영자 사이에서 이뤄진 가장 긍정적인 분위기였다."

당시만 해도 디즈니의 애니메이션 부문은 10년 이상 히트작이 없을 정도로 부진했던 반면, 픽사는 토이 스토리로 펄펄 날고 있었습니다. 그런데 그날 아이거는 잡스에게 애니메이션이 디즈니에 매우 중요하며, 이를 회복시키는 것이 디즈니의 미래를 위해 반드시 필요하다고 말했습니다. 디즈니의 부활을 위해 애니메이션 명가인 픽사의 도움이 필요하다는 구애나 다름없었습니다.

당시 잡스는 픽사를 디즈니에 매각하는 방안을 검토 중이었고, 아이거도 그것을 알고 있었습니다. 따라서 아이거는 그렇게까지 자신의 속내를 숨김없이 드러낼 필요는 없었습니다. 디즈니에게 애니메이션이 중요하다고 강조할수록 픽사의 협상력만 더 커지는 상황이었기 때문입니다.

하지만 그게 아이거의 스타일이었고, 잡스에게는 마법 같은 위력을 발휘했습니다. 정직은 최고의 전략입니다. 아이거는 거짓말과 뒤통수 때리기로 악명 높은 산업에서 정직하고 공정한 거래로 신뢰를 쌓았습니다. 스티브 잡스나 조지 루카스, 아이작 펄머터, 루퍼트 머독이 기업 후견인으로 밥 아이거를 택한 것도 그 때문이었습니다.

밥 아이거는 픽사 인수 후 이렇게 말했습니다. "협상에서 나는 내 카드를 테이블에 올려놓고, 뒤집어 보인다. 정직하면 안 될 이유가 뭔가? 나는 픽사를 살 필요가 있었다."

아이거는 약속을 지켜 신뢰를 얻었습니다. 픽사를 인수한 뒤 픽사 문화를 유지하겠다는 약속을 지켰고, 잡스와 가까운 친구가 됩니다. 아이작 펄머터 마블 회장이 디즈니에게 회사를 넘긴 것도 잡스의 측면 지원이 결정적이었습니다. 잡스는 펄머터에게 전화를 걸어 "밥 아이거는 약속을 지키는 사람"이라고 말했다고 합니다.

잡스는 암이 재발했다는 사실도 가족 말고는 아이거에게 가장 먼저 말했습니다. 당시 디즈니가 픽사 인수를 최종 발표하기 직전이었는데, 그런 사실을 솔직히 알려야 한다고 잡스가 생각했기 때문입니다.

잡스의 장례식장에서 잡스의 아내 로렌은 아이거에게 그 뒷이야기를 들려줬습니다. 잡스가 자신이 병중이란 사실을 아이거에게 말하겠다고 했을 때 로렌이 "그 사람을 믿어도 될까?"라고 물었습니다. 그러자 잡스는 "나는 그 친구를 사랑해"라고 말했다고 합니다. 이런 경험을 바탕으로 아이거는 "사람을 존중으로 대하는 것은 협상에 관한 한 가장 저평가된 화폐"라는 생각을 더욱 굳히게 됩니다.

밥 아이거의 기업 확장 방식은 로마제국을 연상시킵니다. 로마는 정복민에 시민권을 부여했고, 거의 완전에 가까운 자치를 허용했지요. 디즈니 역시 여러 기업을 인수했지만, 그 기업들의 문화를 그대로 유지하고 경영진도 원하면 그대로 남게 했습니다.

디즈니는 픽사의 문화를 수혈한 뒤 〈겨울왕국〉으로 애니메이션 종가의 명예를 회복했고, 밥 아이거의 재임 기간 중 디즈니의 연간 이익은 3.5배로 뛰었습니다. 기업 인수의 요체는 결국 인재를 끌어안는 데 있다는 것을 아이거는 꿰뚫었던 겁니다.

후견인에게 더욱 중요한 자질은 아이의 장래를 위해 올바른 결정을 하는 판단력입니다. 밥 아이거 리더십의 또 다른 포인트는 Big picture, 즉 큰 그림입니다. 그는 "현상에 안주하는 것이야말로 가장 위험한 일"이라고 자주 말합니다. 그는 끊임없이 큰 그림을 그리고 새 판을 짭니다. 그것이야말로 4차 산업혁명이라는 파괴적 혁신의 시대에 살아남는 유일한 전략이라고 생각하기 때문입니다.

공격적인 기업 인수, 상해 디즈니랜드 개장 등 글로벌시장 확대, 아이튠즈를 통한 디즈니 영화 유통 등 채널 다변화 노력이 그것입니다. 그가 21세기폭스를 인수한 것 역시 넷플릭스로 대표되는 이른바 코드컷팅Code cutting 즉 인터넷으로 영화를 보는 시대에 살아남기 위한 포석으로 풀이됩니다.

그는 디즈니의 가장 큰 사명을 "90여 년 전통을 존중함과 동시에 끊임없이 스스로에게 도전하는 것"이라고 말합니다. 디즈니의 핵심이 스토리임은 변함이 없지만, 그것을 전달하고 활용하는 방법은 얼마든지 변할 수 있고 다양하다는 것입니다. 그는 "전통은 존중해야 하지만, 숭배해서는 안 된다"고 강조합니다.

그가 늘 관심을 가지는 일 중 하나는 "작은 일들에 매달리는 직원들을 꺼내 큰 일에 도전하게 하는 것"이라고 합니다. 그는 직원들에게 가끔 업무에서 한발 물러서서 자신이 진정 큰 베팅을 하고 있는지 스스로에게 물어보라고 말합니다.

디즈니는 지금 기로에 서 있습니다. 무엇보다 최대 사업부문인 ESPN과 디즈니채널이 온라인 영상의 도전으로 최근 몇 년간 고전하고 있습니다. 밥 아이거의 최대이자 최후의 베팅이 될지 모를 21세기 폭스 인수가 승착이 될지 귀추가 주목됩니다.

큰 그림을 그리십시오. 큰 사람을 끌어안는, 큰 마음을 가지십시오. 밥 아이거 회장이 오늘 우리에게 주는 조언입니다.

밥 아이거는 미국 뉴욕 출신으로 1974년 ABC에 입사한 뒤 줄곧 한우물을 파서 회장 자리까지 올랐다. 디즈니가 ABC를 인수한 뒤 마이클 아이즈너에 이어 디즈니의 2인자로 지내다 2005년 CEO가 됐고, 공격적인 기업 인수로 현재의 디즈니 제국을 완성했다.

이 책을 준비하던 중에 밥 아이거가 자서전을 출간했습니다. 국내엔 아직 출간되지 않았지만, 읽어 보았는데 아주 재밌었습니다. 아이거는 그 책에서도 역시 리더십의 덕목으로 진정성을 강조하고 있더군요.

그 책에서 아이거는 자신에게 영향을 준 상사들에 대해 이야기합니다. 첫 번째 상사는 ABC 방송의 전설적인 프로듀서 룬 알레지입니다. 아이거는 그에게서 스토리텔링의 중요성과 '적당히 좋은 것'과 절대 타협하지 않는 자세를 배웁니다. 알레지에게는 아무리 작은 디테일도 사소하지 않은 것이었습니다. 그는 조그만 실수에도 부하들을 혹독하게 대하고, 부하들은 공포감 속에 일했습니다.

아이거는 훗날 깨닫습니다. 자신들이 이룬 성취가 반드시 그런 대가를 치를 필요는 없다는 것을. 탁월함과 배려는 공존할 수 있다는 것을.

아이거에게 영향을 준 두 번째 상사는 ABC 방송을 인수한 캐피털시티즈의 공동 창업자 톰 머피와 댄 버크였습니다. 조그만 지역 방송으로 출발한 캐피털시티즈는 워런 버핏의 자금지원으로 몸집이 네 배나 큰 ABC를 손에 넣었습니다. ABC의 간부들은 자존심에 상처를 입고 새 오너를 비하했지만, 아이거는 그들에게서 진정한 리더십의 덕목을 발견합니다.

그것은 '직업적 경쟁력과 진정한 예의는 상호 배타적이지 않다'라는 것입니다. 그들은 '바람이 어느 쪽으로 부느냐를 감지하는 기민한 사업가들'이고 경비 절감에 강박적이었지만, 겸손하고 사람을 존중할 줄 알았습니다. 그들은 '인재에 배팅'했고, 인재를 키웠습니다.

## 명분이 과정을 속여선 안 된다
### 엘리자베스 홈스

주사기 바늘을 무서워한 소녀가 있었습니다.

그는 스티브 잡스처럼 '우주에 흔적을 남기겠다'라는 꿈을 품습니다. 주사기 없이 혈액 검사를 하게 한다는 꿈이었습니다.

그는 꿈을 실행에 옮기기 위해 2004년 스탠퍼드대를 중퇴하고 창업합니다. 테라노스의 창업자 엘리자베스 홈스의 이야기입니다.

그의 비전은 손가락 끝에서 기존 혈액 검사의 1,000분의 1의 혈액만 채취하면 200개 이상의 질병을 진단하는 기술을 개발한다는 것이었습니다.

그는 잦은 혈액 검사로 암 환자의 팔뚝이 너덜너덜해지게 하는 것은 잔인한 일이라고 눈물을 글썽이며 호소했습니다. 그의 말은 많은 투자자의 지갑을 열게 하고, 신문과 잡지의 커버스토리 지면을 비우게 했습니다.

테라노스의 시장 가치는 한때 90억 달러로 치솟고, 50% 지분을 가진 홈스는 자수성가한 여성 창업자 중 최고의 부자가 됐습니다.

그러나 신데렐라 스토리는 10여 년 만에 파국을 맞게 됩니다.
그는 사기 혐의로 미국 증권관리위원회에 의해 사장직에서 물러났고, 법무부도 9개의 사기 혐의로 조사하고 있습니다. 환자들로부터도 소송이 잇달았습니다. 테라노스는 결국 2018년 9월 폐업을 선언했고, 주식은 휴짓조각으로 전락했습니다.

도대체 무슨 일이 있었던 것일까요? 그의 불행은 지키지 못할 약속을 남발한 데서 비롯됐습니다.

테라노스는 슈퍼마켓 체인 세이프웨이와 약국 체인 월그린과 제휴합니다. 두 회사는 테라노스와 제휴해 전국의 슈퍼마켓과 약국에 클리닉을 짓기로 합니다.
거기서 환자가 소량의 혈액을 채취해 보내면 테라노스가 검사해 결과를 알려준다는 겁니다. 환자는 병원에 가지 않아도 되고, 비용도 줄일 수 있다는 겁니다. 홈스는 두 업체와의 제휴를 통해 기술의 판로를 개척하고 동시에 개발비도 얻어냅니다.

문제는 그가 약속한 기술 개발이 불가능에 가까웠다는 데 있습니다. 각각의 검사는 저마다 다른 기술을 요구했고 그것을 소형 장비 하나로 통합하는 일은 지난했습니다.

게다가 정확한 진단을 위해서는 일정한 양의 혈액이 필요했는데, 소량의 혈액으로, 수백 개의 검사를 동시에 한다는 것은 지키기 힘든 약속이었음이 거듭 드러나게 됩니다.

궁지에 몰린 홈스는 넘어서는 안 될 선을 넘게 됩니다. 그는 새로운 기술에 오류와 결함이 많다는 것을 알고도 상용화를 감행합니다. 그리하여 100만 건 이상의 검사가 이뤄집니다.

약국 체인 월그린이 많은 클리닉을 열었던 애리조나에서만 7만 6,000명의 환자가 검사를 받았습니다. 환자의 건강을 건 도박을 벌인 셈입니다.

그는 이 과정에서 많은 거짓말을 하게 됩니다.

그는 한 번의 혈액 채취로 200개 이상의 검사를 할 수 있다고 했지만, 사실은 테라노스가 자체 개발한 장비로 진단한 것은 이 중 12개밖에 되지 않았습니다. 나머지는 지멘스 등 기존 의료업체의 장비를 몰래 가져와 진단한 것이었습니다.

게다가 자체 장비로 행한 검사는 오류투성이였습니다. 멀쩡한 사람에게 응급실에 가야 한다는 진단을 내리는가 하면, 여러 번 검사하면 결과가 완전히 다르게 나오는 경우도 적지 않았습니다. 테라노스는 이를 숨겼습니다.

소량의 혈액으로는 많은 검사를 할 수 없기 때문에 테라노스는 채취한 혈액을 물로 희석해 부풀리는 방법을 썼는데, 이 사실 또한 숨겼습니다. 희석하게 되면 검사 결과가 부정확해지는데도 말입니다.

테라노스는 또 회사의 실적 전망치를 관련 부서에서 작성한 수치의 5배~12배 뻥튀기해 투자자들에게 알렸습니다.

홈스의 이 모든 사기 행각은 월스트리트저널의 탐사 전문기자의 보도로 처음 드러나게 됩니다.

이 많은 거짓말을 직원들이 모를 리 없습니다. 많은 직원이 기술 개발이 완료될 때까지 상용화를 미루자고 조언했지만 홈스는 경청하기는커녕 오히려 이들을 해고했고, 회사에 대해 말하는 것은 기밀을 누출하는 것이라며 소송을 제기하겠다고 협박했습니다.

엘리자베스 홈스는 스티브 잡스를 닮으려 했습니다. 잡스를 흉내 내 검은 터틀넥을 즐겨 입었고, 잡스가 타계했을 때는 애플의 깃발을 구해 회사에 조기를 게양했습니다.

그러나 그는 잡스와 달랐습니다. 잡스는 직원들이 자긍심을 느끼게 했지만, 홈스는 죄책감이 들게 했습니다.

검사 결과에 의문을 제기하는 의사들에게 문제가 없다고 둘러대야 하는 직원, 혈액 검사 결과에 자신의 이름이 붙는 것이 불편해 퇴사를 고민하는 직원이 자긍심을 갖고 일할 리가 없습니다. 한 퇴사한 직원은 엘리자베스 홈스에게 이런 편지를 썼습니다.

"당신과 의견이 다른 사람들을 믿으세요. 거짓말을 하는 것은 역겨운 습관이에요. 그런데 그것이 마치 우리의 화폐인 것처럼 여기서 대화를 통해 유통되고 있어요."

리더십은 신뢰에 기반할 때만 작동할 수 있는데, 그 신뢰는 리더의 언행이 일치할 때만 획득할 수 있다는 것을 홈스는 몰랐던 것 같습니다.

또한 잡스는 직원들을 자발적으로 일하게 했지만, 홈스는 공포의 문화로 회사를 통치했습니다. 회사의 기밀이 누출될 수 있다는 이유로 수많은 감시 카메라로 직원들의 일거수일투족을 감시하고 이메일도 감시했습니다. 출퇴근 시간을 체크해 근무시간이 적으면 압박을 줬습니다.

이런 비밀 유지 강박증은 회사에서 자행되는 거짓말을 은폐하기 위한 수단이기도 했습니다.

이 이야기를 접하면서 이청준의 소설 『당신들의 천국』이 떠올랐습니다.
소록도에 부임한 원장은 나환자의 천국을 만들겠다는 숭고한 꿈을 품지만, 그 꿈을 이행하는 과정에서 수많은 불법을 자행하고 나환자의 희생을 강요합니다.

다음 대목은 엘리자베스 홈스를 향하는 듯합니다.

"문제는 명분이 아니라 그것을 갖게 되는 과정이었다. 명분이 과정을 속이지 말아야 한다. 천국이 무엇인가. 천국은 결과가 아니라 과정에서 마음으로 얻을 수 있어야 했다."

엘리자베스 홈스의 사례는 결코 남의 산의 불일 수만은 없습니다. 사람은 높은 지위에 오르게 되면 불법에 관대해지는 경향이 있기 때문입니다.

이 책을 읽는 독자 여러분

우리가 꿈꾸는 천국은 누구를 위한 천국입니까?

우리의 명분은 혹시 과정을 속이고 있지는 않습니까?

엘리자베스 홈스는 미국 워싱턴 출신으로 스탠퍼드 대학을 중퇴하고 바이오 벤처기업 테라노스를 창립해 제 2의 스티브 잡스로 불릴 정도로 화제를 모았으나, 피 한 방울로 250여 종의 질병을 진단한다는 그의 발명품 '에디슨'의 실제 성능이 거짓으로 드러났다. 테라노스는 결국 폐업했고, 기업가치는 0원으로 추락했다.

이 원고는 캐나다 여행 중에 썼습니다. 마감을 미루다 보니 그렇게 된 거죠. 그 때문에 즐거워야 할 여행이 조금은 덜 즐거워졌습니다. 다른 사람이 잘 때 일어나 글을 써야 했거든요.

다른 사람에게 희망을 주는 인물이 아니라 오히려 절망을 준 인물에 대한 글이기에 더욱 힘들었습니다. 사람들의 고통을 덜어준다며 설립된 회사에서 자행된 많은 거짓말, 바른말 하는 직원을 해고하고 기밀 유출을 막는다며 CCTV로 직원들을 감시하는 공포의 문화…
이런 자료를 읽고 글을 쓰다 보니 마치 저주의 신이 옆에 있는 듯 서늘한 냉기가 느껴졌습니다. 잠도 설쳤고요. 그러니 그 회사에서 일한 직원들은 얼마나 힘들었을까요.

앞서 '심리적 안전감'에 대해 이야기했지만, 이런 회사는 '심리적 안전감'이 없는 대표적인 조직이라 할 수 있을 겁니다. 정도의 차이는 있겠지만, 아직도 많은 조직에서 목표 달성을 이유로 여러 형태의 폭력이 정당화되고 있습니다.

## 모순을 끌어안아라
### 베르나르 아르노

루이뷔통, 크리스티앙 디오르, 불가리, 지방시, 돔페리뇽, 태그호이어…

이 이름들의 공통점은 무엇일까요? 세계적인 명품 브랜드라는 것입니다. 또 하나의 공통점은 한 회사에 속해 있다는 것입니다.

프랑스 기반의 명품 제국 LVMH 그룹이 그것입니다. LVMH에는 이들을 포함해 75개의 쟁쟁한 브랜드가 모여 있습니다.

2019년 7월 블룸버그는 이 그룹의 창업자이자 회장인 베르나르 아르노가 빌 게이츠를 제치고 세계 2위 부자 자리에 올랐다고 발표했습니다.◆

LVMH의 브랜드 중에서는 역사가 100년이 넘은 브랜드가 즐비합니다. 와이너리 샤토 뒤켐의 역사는 1593년으로 거슬러 올라가며, 루이뷔통은 1854년, 불가리는 1884년에 탄생했습니다. 그러나 이들 브랜드를 모두 품에 안게 되는 LVMH가 탄생한 것은 불과 30여 년 전인 1987년, 당시 30대의 젊은 사업가 아르노에 의해서였습니다.

가업을 물려받아 건설회사를 경영하던 아르노가 경영난에 빠진 디오르를 인수했을 때 사람들은 부잣집 아들의 호사 정도로 여겼습니다. 그가 디오르에 이어 루이뷔통을 인수하면서 "명품 브랜드를 한 지붕에 아래 모아 명품 그룹을 만들겠다"고 했을 때도 사람들은 시너지는 고사하고 오히려 명품들의 가치를 깎아내릴 것이라고 코웃음 쳤습니다.

그러나 명품을 한 지붕 아래 모으는 비즈니스모델은 큰 성공을 거두었고, 세계 명품시장의 새로운 표준이 됐습니다. 케링과 리치몬드가 LVMH를 모방해 이제 세계 명품시장은 이 세 재벌을 중심으로 재편됐습니다.●●

경영 사상가 짐 콜린스는 위대한 기업들은 여러 극단과 모순을 동시에 포용한다고 했습니다. 음양 문양에서 음과 양이 서로를 끌어안듯 말입니다. 베르나르 아르노의 성공 비결 역시 모순을 끌어안는 능

----------
● 1위는 아마존의 제프 베조스였다.
●● 케링은 프랑스, 리치몬드는 스위스 기반이다.

력으로 풀이할 수 있습니다.

첫째, 명품 브랜드는 낡음과 새로움을 동시에 지녀야 합니다. 오랜 전통을 유지하면서도 늘 변화를 받아들여 새로워져야 한나는 뜻입니다. 아르노는 둘 사이에서 미묘한 균형을 이루는 것이야말로 명품 브랜드의 숙명적인 역설이라고 말했습니다.

아르노가 세계 2위 부자로 등극한 것은 2019년 들어 6개월 동안에만 LVMH 주가가 48% 이상 급등했기 때문인데, 이는 그 전 해 남성복 디자이너 교체로 오래된 브랜드에 새로운 활력을 넣은 것이 시장에서 평가받았기 때문이란 분석입니다.

루이뷔통에서 7년을 일하다 디오르로 옮긴 디자이너 킴 존스는 디오르 브랜드의 고전이라 할 수 있는 안장 백 Saddle bag 을 재해석해 여자들의 전유물이던 핸드백을 남성용으로 선보이는가 하면, 표범 문양 운동화를 내놓았습니다. 킴 존스는 전통과 새로움, 대중성과 틈새, 동양과 서양 등 상반된 요소를 융합하는 능력을 갖추고 있다는 평가를 받고 있으니 명품의 역설을 구현하기에 적임인 셈입니다. 루이뷔통 역시 신진 디자이너 버질 아블로가 스트리트 패션의 자유분방함을 끌어들이면서 젊어지고 있다는 평입니다.

베르나르 아르노가 끌어안은 두 번째 역설은 '한 지붕 아래 있지만 서로 다르게'입니다. LVMH의 각 브랜드는 명목상으로만 한 그룹일 뿐 매우 독립적으로 운영됩니다. 손익 계산을 별도로 하고, 같은 그룹이지만 브랜드들 사이에 내부 경쟁이 치열합니다.

아르노는 디자이너에게 아주 폭넓은 자유를 허용합니다. 그는 말합니다. "만일 창의적인 사람을 어깨 너머로 쳐다본다면 그는 위대한 작업을 그만둘 것이다. 만일 상사가 계산기를 들고서 당신의 모든 행동을 지켜본다면 당신도 그만두지 않겠는가?"

그렇다면 이들 개성 강한 브랜드들을 굳이 한데 모은 의미가 무엇인지 궁금합니다. 사실 기업이 핵심사업과 역량에 집중할 때 더 높은 수익을 올린다는 연구가 많으며, 사업 다각화는 일반적으로 기업 가치를 증대시키지 못하는 경우도 많습니다.

그러나 베르나르 아르노는 남들이 보지 못하는 가능성을 보았습니다. 인재의 풀로서의 명품 그룹이 그것입니다.

LVMH처럼 세계적인 브랜드들을 함께 갖고 있으면 젊은 인재들이 모이기 마련입니다. 유능한 인재는 새로운 경험을 해보고 싶다는 이유로 괜찮은 직장을 떠나기도 하지만, LVMH 같은 그룹에 있으면 그럴 필요가 없습니다. 옮겨가고 싶은 회사가 자신이 몸담은 그룹 내에 모두 있기 때문입니다.

그룹 시스템은 서로에게 배우는 학습의 장으로서 기능합니다. 예를 들어 그룹 내 시계 브랜드가 그동안 한 번도 해보지 않았던 고객 관계 관리CRM 시스템을 갖추려면 그룹 내 패션과 화장품 부문의 마케팅 관리자를 데려와 도움을 받을 수 있습니다.

LVMH는 인재들을 활발하게 순환 근무시킵니다. LVMH의 브랜드 매니저직에 공석이 생기면 약 3분의 2가 LVMH 내부 인재로 채워집니다. 이렇게 인재들이 다양한 제품과 지역을 경험한 노하우는 그룹 전반에 전파되어 새로운 영감의 원천이 됩니다. LVMH는 이를 '지적인 시너지'라 표현합니다.

그룹이다 보니 물류, 금융, 광고, 부동산 관리 등 지원 기능을 중앙 집중화해 비용 절감 효과를 볼 수 있겠지만, '지적인 시너지' 효과에 비하면 부수적입니다.

아르노는 남들이 보지 못한 가능성을, 마치 바둑에서 50수 앞을 내다보는 것처럼 내다본 셈입니다. 그는 덩샤오핑의 등장과 함께 개혁 개방의 시대로 접어든 중국의 가능성을 미리 내다보고 가장 먼저 중국 매장을 낸 명품 경영자이기도 합니다.

리더 여러분, 어느 때보다 변화가 극심한 시대입니다. 자본보다 인재가 중요한 시대이기도 합니다.

이런 시대에 어떤 리더십이 필요할까요? 모순을 끌어안는 리더십입니다. 변하되 변하지 않아야 합니다. 함께 일하되 풀어 놓아야 합니다. 베르나르 아르노가 오늘 여러분에게 주는 교훈입니다.

베르나르 아르노는 프랑스 루베 출신으로 아버지가 설립한 건설회사에서 일하다 아버지에 이어 대표가 됐다. 미국으로 건너가 부동산 사업을 하다 디오르를 인수하면서 명품산업에 발을 디뎠고, 공격적인 기업 인수로 60여 개의 명품 브랜드를 품에 안았다.

베르나르 아르노의 부인 헬렌 메르시에는 캐나다 출신의 유명 피아니스트입니다. 지금도 활발히 활동하고 있습니다. 아르노와는 1989년 만났는데, 재밌는 에피소드가 있습니다. 새해 전야에 두 사람이 아르노의 집에서 티타임을 가졌는데, 거기서 메르시에가 미래의 남편 아르노에게 피아노 연주를 청했다는 겁니다. 그때 아르노의 손은 떨렸고, 공포에 질려 있었지만, 끝까지 연주하겠다는 결의에 차 있었다고 메르시에는 한 인터뷰에서 회상했습니다.

아르노 부부와 둘째 아들, 이렇게 셋이 피아노를 치며 오케스트라와 협연한 장면을 유튜브로 볼 수 있는데, 참 멋있고 부러웠습니다. 이렇게 예술을 잘 이해하기에 개성 강한 디자이너들을 이해하고 풀어 놓을 수도 있었겠지요. 이성과 감정의 융합인 셈입니다. 재능이란 절대 공평하지 않은 것 같습니다.

참, 이 강의가 나가고 몇 달 뒤 LVMH가 대형 뉴스를 터뜨렸습니다. 티파니를 인수한 것입니다. LVMH가 보석 부문에서는 까르띠에로 대표되는 리치몬드 그룹에 비해 열세였는데, 이를 일거에 만회할 기회를 잡은 겁니다. LVMH 제국 확장의 완결판이라 불릴 만했습니다.

# 사람이 최우선이다
## 빌 메리어트

1927년 미국의 한 신혼부부가 결혼식을 끝내자마자 워싱턴에서 간이식당을 개점했습니다. 미국식 탄산음료인 루트비어를 파는 식당이었습니다. 이 식당은 레스토랑과 호텔 체인으로 커져갔고, 지금은 전 세계에 약 7,000개 호텔을 운영하는 세계 최대 호텔 체인이 됐습니다. 메리어트 호텔 이야기입니다.

위클리비즈 편집장 시절 후배 최현묵 기자는 호텔 업계의 살아 있는 전설로 불리는 메리어트의 빌 메리어트 이사회 의장(회장)을 미국 플로리다 포드 로더데일에서 만났습니다. 88년 전 식당을 열었던 신혼부부의 첫째 아들입니다.

저희는 먼저 메리어트가 대공황과 금융위기를 거치며 88년을 살아남고, 세계 최대 호텔 체인으로 성장한 비결을 물었습니다. 그는 "사람입니다"라고 잘라 말했습니다. 그의 말을 그대로 옮겨 보겠습니다.

"첫째, 둘째, 셋째가 모두 사람에 대한 것입니다. 사람을 고용하고, 그들을 발전시키고, 사람들을 위해 일한 것입니다. 저는 늘 저보다 더 훌륭한 사람들을 고용하기 위해 노력했고, 그들에게 기회를 주어 성공할 수 있도록 늘 신경을 써왔습니다."

그의 아버지는 어릴 때 그와 동생에게 매일 입버릇처럼 이렇게 말했다고 합니다. "직원들을 잘 돌보아라. 그러면 직원들도 네 고객을 잘 돌볼 것이다." 그래서인지 메리어트는 〈포천〉지가 '가장 일하기 좋은 기업 100곳'을 선정하기 시작한 1998년 이래 매년 리스트에서 빠지지 않았습니다.

빌 메리어트 회장이 가장 보람 있어 하는 것은 모든 직원에게 기회를 공평하게 주었다는 점입니다. 메리어트에는 밑바닥에서 출발해 '호텔업계의 별'로 꼽히는 총지배인 이상 직급에 오른 이들이 수두룩합니다. 야간 전화 응대원이 전 세계 메리어트 호텔 중 셋째로 큰 애틀랜타 메리어트 마퀴스의 총지배인이 됐고, 포트 로더데일 리츠칼튼 호텔(메리어트는 리츠칼튼을 1995년 인수했다)의 총지배인은 25년 전 도어맨으로 시작했습니다. 메리어트의 4,000여 개 호텔 총지배인 중 도어맨 같은 시간급 근로자로부터 출발한 경우가 절반 정도라고 말했습니다.

메리어트는 모든 직원에게 노력만 하면 무엇이든 할 수 있다는 비전을 제시합니다. 매일 메리어트의 직원 수백 명은 강의실로 향합니다. 요리, 의사소통, 팀워크 등 가르치지 않는 것이 없을 정도입니다. "일하는 법을 알려주지도 않고 일을 잘 해낼 거라고 기대할 수는 없다"는 이유에서입니다.

메리어트 회장은 좋은 리더를 판단하는 쉬운 기준이 하나 있다고 했습니다. 총지배인이 직원들 사이를 지나갈 때 이름표를 훔쳐보지 않고도 그들 한 명 한 명의 이름을 알지 못한다면 좋은 리더가 아니라는 겁니다. 메리어트 회장의 말을 그대로 옮겨 보겠습니다.

"우리는 물론 큰 조직입니다. 이곳(포트 로더데일 하버비치 호텔)만 해도 직원 수가 2,500명에 달합니다. 하지만 좋은 리더라면 직원들이 누구이고, 어떤 것에 흥미를 가졌는지 알고 있어야 합니다. 10년 전쯤 뉴욕 메리어트 마퀴스 호텔의 총지배인과 같이 점심시간에 직원 식당에 갔습니다. 6~7명의 직원과 마주쳤는데, 그는 그 직원들이 어떤 스포츠팀을 좋아하는지 알고 있었고, 그중 몇 명과는 그들의 가족에 관해서도 얘기를 나누더군요. 직원들은 총지배인이 자신들의 얘기를 경청하고 관심을 갖고 보살펴 준다는 걸 알기 때문에 그를 성원하고 있었습니다."

메리어트 회장은 누군가를 이끄는 가장 좋은 방법은 그들에게 "어떻게 생각해?"라고 묻는 것이라고 말했습니다. "질문은 기적을 일으킵니다. 존중받는다고 느끼게 할 수 있고, 동참시킬 수 있거든요."

그는 질문의 힘을 드와이트 아이젠하워 대통령에게 배웠다고 했습니다. 메리어트 회장의 아버지이자 메리어트 호텔의 창업자 JW 메리어트와 아이젠하워 대통령은 친구였습니다. 1954년 아이젠하워 대통령 가족이 메리어트 가문 소유의 버지니아주 농장을 방문했습니다. 눈보라가 몰아치는 혹한기였음에도 JW 메리어트는 메추라기 사냥을 나가자고 제안했습니다. 고민하던 아이젠하워 대통령은 난롯가에 옹기종기 모여 있던 양가 가족을 둘러봤습니다. 그러다가 당시 22세의 해군 소위였던 빌 메리어트에게 물었습니다. "빌, 자네는 어쩌고 싶나? 우리가 어떻게 해야 한다고 생각하나?"

이 질문에 빌 메리어트 회장은 충격을 받았다고 했습니다. 그의 말을 옮겨 보겠습니다.

"저는 그 방에 있던 사람 중 가장 어린 데다 해군 초급 장교였는데, 상대는 군 통수권자인 대통령이었습니다. 그런 그가 제게 의견을 물은 겁니다. 그게 아이젠하워 대통령이 조직을 운영하고 이끄는 방식이었습니다. 그런 리더십이 있었기에 그가 2차 대전 당시 드골, 패튼, 몽고메리 등 '미친' 장군들을 이끌고 전쟁을 승리로 이끌 수 있었던 겁니다. 아이젠하워는 그들에게 '어떻게 할까'라는 질문을 던져서 그들을 전쟁의 주요 결정에 참여시켰던 겁니다. 저는 리더십의 가장 중요한 덕목을 그 겨울날 아이젠하워 대통령에게 배웠습니다."

그가 배운 것은 경청의 힘이었습니다. 그는 말했습니다. "당신이 호텔 사장이라 해도 호텔 방을 치우는 것에 대해서는 룸메이드보다 더 잘 알 수가 없습니다. 당신이 할 일은 각 분야의 전문가들을 고용해서 그들의 의견을 듣고 사업을 펴나가는 것입니다." 직원들은 회장이나 사장 같은 높은 직책만으로 위축될 수 있습니다. 그래서 그들에게 질문은 더욱 중요한 기술이라고 메리어트 회장은 말했습니다.

메리어트는 88년의 역사를 갖고 있습니다. 그동안 시장의 변화에 어떻게 대처해 왔느냐는 질문에 메리어트 회장은 말했습니다.

"핵심은 질서Order와 변화Change입니다. 질서는 모든 직원이 이해하고 시키려고 하는 잘 갖춰진 표준 절차에서 나옵니다. 우리에겐 객실 정리를 제대로 하기 위한 66가지 표준 행동 절차가 있습니다. 조직 내에 질서가 잡혀 있으면 변화에 잘 대응할 수 있습니다. 집 안 정돈을 잘 해 놔야 미래를 생각할 수도 있는 겁니다."

메리어트 회장은 영국 철학자 알프레드 노스 화이트헤드의 말을 인용했습니다. '진보의 기술은 변화하는 가운데 질서를 유지하고, 질서 있는 가운데 계속 변화하는 것이다.' 메리어트는 매우 치밀한 관리 시스템을 갖고 있습니다. 이를 통해 자칫 사람 중심 문화에서 초래될 수 있는 잠재적 리스크를 보완할 수 있었습니다.

현재 메리어트가 소유권을 가진 호텔은 1%도 되지 않습니다. 나머지 99%는 장기 위탁 계약으로 운영합니다. 메리어트는 이렇게 '숙박 업자'에서 '객실 판매와 관련된 프로세스 운영자'로 업業의 본질을 재정의함으로써 호텔 소유 회사가 아니라 호텔 경영 회사가 됐고, 리스크를 줄이고 핵심 경쟁력에 집중할 수 있었습니다.

저는 빌 메리어트 회장의 이야기를 들으면서, 그의 삶은 곧 메리어트의 다섯 가지 신조를 실천하는 삶이었구나 하는 생각을 했습니다. 그 다섯 가지 신조는 다음과 같습니다.

사람이 최우선이다.
최고를 추구하라.
변화를 끌어안아라.
정직하게 행동하라.
세상을 위해 일하라.

우리도 한 번 소리 내 같이 읽어보면 어떨까요.

빌 메리어트는 미국 워싱턴 출신으로 아버지가 창업한 메리어트 호텔을 연매출이 200억 달러가 넘는 세계 3대 호텔 체인으로 키웠다.

여러 회사에 가서 취재도 하고, 강연도 하다 보니 직원들의 표정만 봐도 회사 상황을 짐작할 수 있습니다. 표정이 매우 밝고 반응이 활기찬 기업이 있나 하면, 그 반대인 경우도 있습니다. 여러분이 투자자라면 어느 회사에 투자하시겠습니까?

일본에서 한천(해초로 만든 식품)을 만드는 이나식품이란 회사를 방문한 적이 있는데, 그곳 직원들은 표정이 매우 밝았습니다. 일단 회사가 마치 공원 같았습니다. 넓은 부지에 아름드리나무, 예쁜 정원, 산책로, 벤치… 이런 곳이라면 일할 맛 나겠구나 싶었습니다.

창업자인 츠카코시 히로시 회장의 말은 더욱더 놀라웠습니다. "행복한 사원이 회사도 사회도 행복하게 한다"라는 말은 어디서 많이 들어본 말일 수도 있습니다. 그런데 그가 '성장'에 대해 이야기할 때 그의 말은 제가 한 번도 들어보지 못한 말이었습니다. 그는 "제가 생각하는 성장이란 사원 한 사람 한 사람의 인간적인 성장의 총합입니다"라고 했습니다. 이런 리더와 함께 일한다면 행복할 수 있겠구나 싶었습니다.

# 인재에게 비재정적 소유권을 주라
## 카를 하인츠 루메니게

지난 2012년 말부터 2014년 3월까지 53경기를 치르는 동안 단 한 번도 지지 않은 축구팀이 있습니다. 46승 7무 무패. 동네 조기 축구를 말하는 게 아닙니다. 전 세계에서 축구 좀 한다는 사람들이 모두 모이는 유럽의 팀을 말하는 겁니다.

이 팀은 이보다 더 의미 있는 기록도 만들었습니다. 2012~2013시즌에 유럽 최강을 가리는 챔피언스리그와 자국 리그, 그리고 컵 대회(리그 내의 이벤트성 토너먼트 대회)에서 동시에 우승하는, 이른바 '트레블 treble(3관왕)'의 기적을 달성했습니다. 바로 독일 축구의 최강자 FC 바이에른 뮌헨입니다.

놀라운 것은 이 팀이 부자 축구팀이나 다른 명문 축구팀보다 훨씬 적은 돈을 쓰고 그 자리에 올랐다는 점입니다. FC 바이에른 뮌헨은

2013~2014시즌까지 3시즌 동안 선수 이적료로 약 2,800억 원을 사용했는데, 같은 기간 카타르 국왕 타밈 빈 하마드 알 타니가 소유한 프랑스의 신흥 강호 PSG는 5,600억 원, 러시아 석유 재벌 로만 아브라모비치 소유인 첼시는 4,500억 원을 썼습니다.

적은 돈을 쓰고도 좋은 인재를 유치해 뛰어난 성과를 올리는 비결이 무엇일까요? 2014년 조선일보 위클리비즈의 윤형준 기자가 뮌헨 공항에서 차로 40분 정도 거리에 있는 FC 바이에른 뮌헨 본부를 찾아 이 팀의 최고경영자CEO를 만났습니다. 그는 바로 독일의 전설적인 스트라이커 카를 하인츠 루메니게였습니다. FC 바이에른 뮌헨은 선수 출신에게 사장을 맡기는 전통이 있는데, 루메니게 씨는 2002년부터 사장을 맡아왔습니다.

---

"인재를 사로잡는 방법은 마음을 사는 것이다."

카를 하인츠 루메니게

---

돈을 적게 투자하고도 1등을 차지할 수 있었던 비결을 물었더니, 그는 "투자의 질이 가장 중요하다"며 "얼마나 투자하느냐보다 어떻게 투자하느냐를 고민해야 한다"고 말했습니다.

그의 말을 그대로 옮겨 보겠습니다. "우리는 확실히 잉글랜드나 프랑스의 팀들에 비하면 적은 돈을 쓰고도 성공적인 영입을 해냈습니다. 우리는 선수 이적 시장에서 막대한 자금을 가진 팀들보다 훨씬 빠르게 탐색하고 조사합니다. 그리고 그들보다 훨씬 더 심사숙고해서 더 확실한 결정을 내립니다. 그들은 한 번에 8명, 9명, 10명의 선수를 사들일 수 있는 재력이 있죠. 그러나 우리는 1명, 2명, 3명의 선수만 살 수 있습니다. 그런데 그 3명은 반드시 우리 팀의 문화와 정신에 딱 맞는 선수들입니다."

뛰어난 인재를 얻었다고 해서 그가 조직에 영원히 충성을 다할 것이라는 보장은 없습니다. 그런데 FC 바이에른 뮌헨의 선수들은 좀처럼 팀을 떠나지 않기로 유명합니다. 그렇다면 뛰어난 인재를 사로잡고 동기를 부여하는 방법은 무엇일까요?

루메니게 사장은 "인재를 사로잡는 방법은 마음을 사는 것"이라고 말했습니다. 그는 당시 팀의 우측 날개 공격수였던 프랑크 리베리의 예를 들었습니다. 리베리는 2013년 UEFA 선정 올해의 선수상을 받을 만큼 뛰어난 활약을 보이는 슈퍼스타지만, 만만치 않은 말썽꾸러기이기도 합니다. 2009년 미성년자와 성관계를 한 혐의로 재판을 받았는데, 2014년 1월 말 프랑스 파리 법원은 충분한 증거가 없다며 리베리에게 무혐의 판결을 내렸습니다. 2010년에는 프랑스 국가 대표팀에서 내분을 조장했다는 이유로 '국민 밉상'에 오르기도 했습니다. FC

바이에른 뮌헨에서는 최고의 활약을 보이지만, 대표팀에만 오면 부진을 면치 못하는 그를 욕하는 프랑스인도 많았습니다.

"그럴 때일수록 바이에른 뮌헨은 그에게 파트너십Partnership을 제공했다"고 루메니게 사장은 말합니다. 그의 말을 그대로 옮겨 보겠습니다. "단순히 연봉 같은 개념이 아닙니다. 그가 힘들어할 때 우리는 변호사를 붙여주고 그의 개인적 문제를 함께 고민해 해결했습니다. 혼자서 감당해야 할 것들을 나눠서 짊어지려고 했지요. 그 결과, 2000년 성인 무대에 데뷔한 이래 2007년까지 6개 팀을 돌아다니던 프랑크 리베리는 2007년부터 우리 팀에서 7년 연속 활약을 계속하고 있습니다."

결국 FC 바이에른 뮌헨의 놀라운 성취의 비결은 사람이었습니다. 사람의 마음을 사는 것, 그리고 최고의 역량을 발휘할 수 있도록 도와주는 것이었습니다.

루메니게 사장이 또 하나 강조한 것은 "두 기둥Two column 시스템"이라고 표현한 인사 제도입니다. 한 기둥은 양질의 이적을 통해 팀의 수준을 끌어올리는 것이고, 다른 한 기둥은 인재를 자체적으로 육성하는 것입니다. 자체 육성 선수로는 슈바인 슈타이거, 필립 람, 토니 크로스, 알라바 같은 선수들이 있습니다. 바이에른 뮌헨은 유럽에서 가장 많은 자체 육성 선수를 가진 팀이라고 루메니게 사장은 말했습니다. 이는 바이에른 뮌헨과 마찬가지로 인재를 양성해 스타로 키워내는 것으로 유명한 FC 바르셀로나보다 더 많다고 합니다.

FC 바이에른 뮌헨의 사례를 통해 배울 수 있는 인재 경영의 핵심 포인트는 무엇일까요? 세 가지를 들 수 있습니다.

첫째, 핵심 인재는 돈만 보고 회사를 옮기지 않습니다. 사원에게 주인 의식을 심어주는 방법으로 성과급이나 주식과 같은 이른바 '재정적 소유권'을 주는 법이 있습니다. 하지만 이보다 중요한 것은 주요 의사 결정에 참여권, 발언권을 주고 조직의 문제 해결에 참여하게 하는 '비재정적 소유권'을 주고, 어려울 때 도와주어 마음을 사는 것입니다.

둘째, 루메니게 사장은 선수를 영입할 때 팀의 문화, 가치에 맞느냐를 심사숙고해서 결정한다고 했습니다. 이를 경영학에서는 '개인-조직 간 적합성'이라고 부릅니다. 역량 못지않게 중요한 요소입니다.

셋째, 내부 인재 육성 즉 'Build'와 외부 인재 영입 즉 'Buy'의 균형입니다. 내부 육성만 강조하면 조직에 대한 충성도와 단결력이 높아지지만, 유연성과 개방성이 떨어지고, 조직이 서열화하는 부작용이 있습니다. 반대로 외부 영입에만 치중하면 조직의 안정성을 약화하고, 내부 경쟁을 심화시켜, 단기 실적 개선에만 집중하게 돼 조직의 지속적인 성장에 악영향을 줍니다.

축구팀이나 기업이나 리더십의 요체는 사람의 마음을 얻는 데 있습니다. 어떻게 마음을 사서 진정한 헌신을 끌어낼 수 있는지 바이에른 뮌헨 축구팀의 사례를 음미해 보시길 바랍니다.

카를 하인츠 루메니게는 독일 립슈타트 출신으로 바이에른 뮌헨 팀의 선수시절엔 인터콘티넨털컵과 챔피언스리그 우승으로 명성을 날렸다. 분단 독일 당시 서독대표팀으로 1980년 유럽축구선수권대회 우승과 1982 월드컵 준우승에 기여했고, 유럽 올해의 선수상을 두 차례 수상했다. 2002년부터 바이에른 뮌헨 축구 클럽 살림을 책임지고 있다.

루메니게의 사례를 MBA 과정 수업 때 들려준 적이 있습니다. 그랬더니 중견 건설회사 2세 경영자인 한 학생이 "직원의 마음을 사라"는 내용이 마음에 와닿는다며 자신의 경험담을 풀어 놓았습니다. 그가 들려준 이야기는 이랬습니다.

공사 현장에서는 공기工期를 맞추는 것 못지않게 중요한 게 안전사고 예방입니다. 그런데 유독 안전 수칙 위반이 적은 현장이 있었습니다. 다른 현장에 비해 40%나 적었습니다. 이유가 뭘까요?

보통 건설현장에서는 안전 수칙 위반에 벌칙으로 대응합니다. 일정 기간 공사 참여를 금지하는 식입니다. 워낙 벌칙이 엄하기에 회사에서 파견된 현장 소장은 고함과 욕설로 근로자들을 제압하려는 경우가 많습니다.

그런데 앞서 그 현장에선 근로자들을 가족처럼 대했다고 합니다. 말로만 그런 게 아니라 3~4개 층마다 임시 화장실을 설치하고, 겨울에는 방한 대책을 논의하며, 매주 생일을 맞은 근로자에게 파티를 열어줬습니다. 여름철엔 빙수, 화채, 식염도 제공했습니다.

이렇게 마음을 사니 안전 수칙 위반으로 처벌을 받아도 기분이 덜 나쁘고, "앞으로 더

잘해야지"라는 반성과 의욕이 스스로 우러난다는 겁니다. 스포츠나 건설 현장이나 리

더십의 원리는 비슷한 것 같습니다.

# 큰 성공은 큰 책임을 수반한다
### 트래비스 칼라닉

우버의 창업자 트래비스 칼라닉은 한동안 실리콘밸리와 공유경제의 아이콘이었습니다. 하지만 칼라닉은 잇따른 스캔들로 이사회에 의해 쫓겨나는 비운의 CEO가 됐습니다. 왜 이렇게 허무하게 추락했을까요? 이번 이야기는 트래비스 칼라닉의 실패에 대한 연구입니다.

칼라닉은 여러 면에서 탁월한 리더였습니다. 리더십 연구에 따르면, 성공적인 리더십은 여덟 가지의 특성을 갖는데 칼라닉은 이 중 많은 특성을 고루 갖고 있었습니다.●

그는 강한 추진력을 갖고 있었습니다. 스마트폰으로 택시를 부른다는 아이디어는 공동 창업자 가렛 캠프가 냈지만, 아이디어만으로 시가총액 50조 원 회사가 만들어지는 건 결코 아닙니다.

규제와 싸우고, 리프트나 디디추싱 같은 경쟁자와 싸우고, 투자자들로부터 거액의 자금을 유치하고, 세계 전역으로 비즈니스를 확장한 것은 칼라닉의 불굴의 추진력이 없었다면 불가능했을 것입니다.

칼라닉은 전문적인 지식과 통찰력을 갖고 있었습니다. 공동 창업자 캠프는 자동차와 기사를 모두 소유하는 비즈니스를 생각했습니다. 그러나 자동차와 기사를 직접 소유하지 않고, 단지 승객과 기사를 연결해주는 플랫폼 역할을 한다는 아이디어를 낸 것은 칼라닉이었습니다. 우버의 오늘을 가능케 하고, 공유경제를 세계에 확산시킨 핵심적인 통찰이었습니다.

칼라닉은 또 다른 사람들에게 영향을 주고 통솔하려는 강한 의지를 갖고 있었고, 그에 따른 책임을 기꺼이 떠맡았습니다. 강하고 의지에 찬 리더에 감화된 우버 직원들은 자발적인 전사가 되었습니다.

하지만 칼라닉의 리더십에 부족했던 속성이 두 가지 있었고, 그것이 파멸의 불씨가 됐습니다. 진실성과 죄책감이 그것입니다.**

----------

● 여덟 가지 리더십 특성은 다음과 같다.
① 추진력 ② 통솔 의지 ③ 정직과 진실성 ④ 자신감 ⑤ 지혜 ⑥ 직무 관련 지식 ⑦ 외향성 ⑧ 죄책감
●● 죄책감은 리더십과 긍정적 연관이 있다. 다른 사람들을 위한 강한 책임감이 여기서 우러나기 때문이다.

그는 권위를 거스르는 것을 장려했고, 이는 우버의 기업문화로 자리 잡았습니다. 사실 우버의 비즈니스모델 자체가 택시 산업 등에 대한 기존 규제와 충돌하는 측면이 있습니다. 칼라닉은 편리한 서비스에 열광하는 고객의 지지를 기반으로 정면 돌파해 나갔고, 이는 탈규칙, 탈권위에 대한 신념을 강화했습니다. 과거 우버의 핵심가치 중에 '원칙에 입각한 대립'이 포함된 것은 우버의 이런 면모를 잘 보여줍니다.*

하지만 고객을 위해 낡고 시대에 동떨어진 규제를 어기는 것과 논란의 여지가 없고 오래 지속된 도덕 규범을 어기는 것 사이에는 큰 차이가 있습니다. 어느 순간 우버는 첫 번째 일탈에서 두 번째 일탈로 넘어가기 시작했습니다.

예를 들어 우버는 경찰의 단속을 피하는 앱을 만들었습니다. 경찰로 추정되는 인물이 우버 앱으로 우버를 호출할 경우 앱에 우버 차량이 한 대도 표시되지 않도록 한 것입니다. 누가 경찰인지 추정하는 다양한 노하우도 개발했습니다.

우버는 고객 데이터를 부적절하게 사용했습니다. 고객 동선을 추적할 수 있는 능력을 악용해 자사에 비판적인 언론인과 정치인의 일거수일투족을 감시했습니다. 가짜 운전자를 가려낸다며 앱에 몰래 코드를 심어 고객 동의 없이 정보를 빼냈습니다.

직원 수백 명이 경쟁사 리프트 탑승을 수천 건 요청했다가 취소하는 등 부적절한 방법으로 경쟁자와 싸우기도 했습니다.

이런 과정에서 우버에는 성공을 위해 모든 것이 정당화되는 남성 중심적인 문화가 자라났습니다. 여직원이 상사의 성희롱을 고발해도 그 상사가 고성과자라는 이유로 묵살됐고, 결국 퇴직한 한 여직원의 폭로는 우버에 큰 타격을 입혔습니다.

우버는 또한 운전기사 역시 고객이라고 말했지만, 실제로는 그들을 언제든 대체할 수 있는 수단으로 대우했습니다. 팁을 금지하고, 승차 동의 전 탑승 목적지를 알려주지 않고, 변동요금제를 도입해 요금을 수시로 인하했습니다. 고객을 위한 고집이었다고는 해도, 기사 의견을 효과적으로 대변하는 창구가 없는 힘의 불균형 상태에서 생계에 직결되는 조치를 밀어붙여 기사들을 적으로 만들었습니다.

어느 날 우버 차량에 탑승한 칼라닉이 기사와 말다툼을 벌인 동영상이 칼라닉의 퇴진에 결정타가 됐습니다. 우버 때문에 거액의 빚을 지게 됐다고 항의하는 기사에게 칼라닉은 "어떤 사람은 스스로 책임을 지지 않고 삶의 모든 것을 다른 사람 탓으로 돌린다"고 쏘아붙입니다.

---

● 새 CEO 다라 코스로샤히는 우버의 핵심가치에서 '원칙에 입각한 대립'을 뺐다.

정직과 진실성, 그리고 죄책감의 결여는 칼라닉이 가진 다른 모든 장점을 뒤엎고도 남을 만큼 파괴적이었습니다.

기술의 시대를 맞아 오늘날 젊은 세대는 인간적으로 성숙하기도 전에 너무 빨리 막대한 돈과 권력을 가지게 됐습니다. 사회는 한동안 그들을 영웅으로 대접하고 면죄부를 주었지만, 기술기업의 여러 문제점이 부각되면서 사회의 시선은 날카로워지고 있습니다.

사람은 나이가 들수록 더 많은 책임을 요구받습니다. 기업도 마찬가지입니다. 우버는 스타트업 사고방식에서 벗어나 성인이 돼야 했습니다.

칼라닉 본인도 그 사실을 잘 알고 있었습니다. 온갖 스캔들로 우버의 명성이 추락하고 있을 때 칼라닉은 직원들을 달래기 위한 편지를 준비했습니다. 거기 이렇게 쓰여 있었습니다.

"성장은 축하할 일이지만, 적절한 견제와 균형이 없다면 심각한 실수를 초래할 수 있다. 기업의 규모가 커지면 직원, 고객, 지역사회에 훨씬 더 큰 영향을 미친다. 따라서 소규모 기업의 접근 방식은 규모가 커지면 달라져야 한다. 나는 몸집이 작아서 성공했지만, 커져서는 실패했다."

그 이메일엔 "가끔은 자신이 옳다는 것을 증명하기보다 상대를 배려하고 있다는 것을 보여주는 것이 낫다"는 구절도 있었습니다.[●]

"큰 성공은 큰 책임을 수반한다."

트래비스 칼라닉의 실패가 우리에게 주는 교훈입니다.

트래비스 칼라닉은 미국 캘리포니아 출신으로 우버의 창립자이자 최고경영자였다. 우버를 700억 달러 가치의 거대기업으로 성장시켰으나, 정직성과 부적절한 사내문화 등의 구설수에 휩싸였고 결국 CEO에서 물러나게 된다. 우버 지분 대부분을 팔고, 현재는 부동산 개발과 공유 주방 사업을 벌이고 있다.

-----------
● 다른 사건이 터져 이 이메일을 실제로 보내지는 못했다.

기업가가 걸어가는 길과 신화 속 영웅이 걸어가는 길이 비슷한 경우가 많습니다. 그런 생각을 발전시킨 책이 제가 연전에 쓴 『결국 이기는 힘』이란 책입니다.

기업가와 영웅이 가장 비슷하다고 느낀 부분은, 그들이 첫번째 승리를 쟁취하고 즐거움을 만끽하지만 그들 앞엔 더 큰 시험이 기다리고 있다는 점입니다. 그리고 그 시련이 영웅 자신에 의해 잉태되는 경우가 많다는 점도 그렇습니다. 한번 이겨본 영웅은 흔히 자만에 빠지고, 때로는 자신이 싸웠던 바로 그 악에 물들기도 합니다.

칼라닉은 자신이 생각한 악과 싸우기 위해 영웅의 여정에 나서고 큰 승리를 얻었지만, 이번엔 스스로가 악이 되어 가지요. 바로 그 점이 사회가 그에게 등을 돌리게 만들고요.

이나모리 가즈오 교세라 창업자는 "회사는 리더의 인격의 크기만큼 성장한다"고 말했는데, 칼라닉은 회사가 성장하는 속도만큼 인격이 성장하지 못한 경우라고도 볼 수 있을 겁니다.
사실 이는 칼라닉만이 아니라 많은 기술 분야 스타트업 창업자가 공통적으로 안고 있는 문제이기도 합니다. 그러기에 인사관리나 기업가학 전문가들 중에는 "성공한 창업자는 교체하라"고 조언하는 이도 있습니다.

칼라닉이 이번의 실패를 인격을 갈고닦는 기회로 활용해 더 크고 의미 있는 도전에 나서기를 기대해 봅니다.

뛰어난 CEO에게 그가 맡은 회사의 운영방법을 하달하는 것은
어리석음의 극치라고 생각한다.
- 워런 버핏

종업원들은 부분적으로는 돈을 벌기 위해 일합니다. 하지만,
우리는 그들이 가치 있는 일을 성취하고 있다고 느끼기 때문에
일을 하고 있다는 사실도 깨달아야 합니다. 우리의 첫 번째 의무는
그들이 가치 있는 일을 하고 있다는 것을 알리는 것입니다.
명령만 해서는 안 됩니다.
데이비드 패커드

벽을 부숴버리면 서로에게 배울 것들이 많다.
- 칩 콘리

나의 눈과 함께 다른 사람들의 눈으로 세상을 바라보게 되면서
세상이 흑백에서 컬러로 변했다.
- 레이 달리오

협상에서 나는 내 카드를 테이블에 올려놓고, 뒤집어 보인다.
정직하면 안 될 이유가 뭔가?
- 밥 아이거

당신과 의견이 다른 사람들을 믿으세요. 거짓말을 하는 것은
역겨운 습관이에요. 그런데 그것이 마치 우리의 화폐인 것처럼
여기서 대화를 통해 유통되고 있어요.

- 테라노스 전 직원이 엘리자베스 홈스에게


만일 창의적인 사람을 어깨 너머로 쳐다본다면
그는 위대한 작업을 그만둘 것이다.
만일 상사가 계산기를 들고서 당신의 모든 행동을 지켜본다면
당신도 그만두지 않겠는가?

- 베르나르 아르노


질문은 기적을 일으킵니다. 존중받는다고 느끼게 할 수 있고,
동참시킬 수 있거든요.

- 빌 메리어트


인재를 사로잡는 방법은 마음을 사는 것이다.

- 카를 하인츠 루메니게


가끔은 자신이 옳다는 것을 증명하기보다
상대를 배려하고 있다는 것을 보여주는 것이 낫다.

- 트래비스 칼라닉

3

# 당신의 10년 후 철포는

자기 자신을 믿으라.

꿈을 이루려면 그것을 열정적으로 믿고

그것을 위해 언제든 싸울 준비가 되어 있어야 한다.

# 쟁기 끄는 말이 최고의 리더다
## 팀 쿡

2011년 스티브 잡스가 세상을 떠났을 때 많은 사람은 애플 제국의 종말로 받아들였습니다. 새 CEO 팀 쿡이 잡스를 대신할 수 있을 것이라 믿은 사람은 많지 않았습니다.

그러나 팀 쿡은 애플의 역대 CEO 여섯 명 중 최고임을 실적으로 입증했습니다. 애플은 2018년 사상 최초로 1조 달러 기업가치를 가진 회사가 됐습니다. 잡스가 서거한 2011년엔 그 3분의 1이 안 되는 3,000억 달러였습니다. 쿡은 또한 애플워치와 에어팟, 애플페이를 통해 스티브 잡스의 그림자에서 벗어나서도 충분히 혁신 제품을 만들 수 있음을 보여줬습니다.

쿡은 잡스의 비전을 이어받았지만, 잡스와는 다른 방식으로 회사를 이끌고 있습니다. 그 스스로 "나의 모든 것을 회사에 쏟아붓고자 노력하겠지만, 결코 잡스와 같아지는 것을 목표로 삼지는 않겠다"고 말한 적이 있습니다.

팀 쿡 리더십의 요체는 무엇일까요? 경영 사상가 짐 콜린스가 말한 단계 5의 리더십으로 설명할 수 있습니다. 콜린스의 연구 결과 좋은 기업에서 위대한 회사로 도약한 기업의 공통점 중 한 가지는 중대한 전환기에 단계 5의 리더가 회사를 이끌었던 점이었습니다. 겸손하면서도 의지가 굳고, 변변찮아 보이면서도 두려움이 없는 이중성을 갖춘 리더를 말합니다.

팀 쿡이 바로 그랬습니다. 그와 가까운 사람들은 그가 밖으로 드러나지 않지만 언제든 의지가 되는 사람이고, 조직에 없으면 안 되지만 있을 때 별로 티 나지 않는 사람이라고 말합니다.

그가 CEO가 되기 전 맡아온 업무는 빛나는 일이 결코 아니었습니다. 협력업체를 관리하고, 부품이 제때 공급되도록 하고, 재고를 줄이는 것 같은 일이었습니다. 하지만 쿡은 그 일에 헌신적이었고, 잡스가 만든 놀라운 제품 이상으로 회사에 크게 기여했습니다.

쿡이 합류하기 전 애플은 운영 관리가 최악이었습니다. 파워맥이란 빅히트 상품을 내놓고도 모뎀과 같은 주요 부품을 제때 공급받지 못해 생산이 수요를 따르지 못했고, 고객은 주문하고 두어 달을 기다려야 했습니다. 반대로 수요 예측이 잘못돼 엄청난 재고가 창고에 쌓이기도 했습니다.

그러나 쿡이 애플에 합류하고 7개월 만에 재고가 30일 치에서 6일 치로 줄어듭니다. 그는 생산의 대부분을 능력 있는 외부업체에 위탁하는 한편, 전사적 자원관리 시스템을 도입해 부품업체와 조립공장, 매장의 IT 시스템을 서로 연결했습니다. 그래서 부품은 필요할 때만 공급업체에 주문했고, 제품은 즉각적인 수요를 충족시킬 정도만 생산할 수 있게 됐습니다.

사업 운영이 개선되면서 쿡은 애플의 흑자 전환에 기여하는 핵심 인물로 부상합니다.

쿡과 함께 일했던 많은 이들이 그의 노동 윤리를 높이 평가합니다. 쿡은 매일 새벽 6시에 출근하며, 새벽 3시 45분에 이메일 답장을 보내기도 합니다.

그가 애플에 입사하기 전 IBM의 공장에서 일하던 시절, 크리스마스 휴가 시즌이었습니다. 누구나 새해까지 일주일을 휴가로 쓰기를 원하지요. 공장장이 자리를 비워야 해 대신 자리를 맡아줄 사람이 필요했는데, 팀 쿡이 자원했습니다. 연말에 급증하는 컴퓨터 수요를 맞추기 위해 동원 가능한 모든 트레일러트럭으로 동부 해안 선착장까지 제품을 실어 날라야 했습니다. 쿡은 자정까지 그곳에 나가 선적이 제대로 이뤄지도록 관리 감독했습니다. 스트레스가 많은 일이라 다른 사람은 머리를 쥐어뜯을 일인데도 쿡은 차분하고 침착하게 모든 일을 처리했다고 합니다.

쿡은 고향 앨라배마주의 오번대학을 졸업했는데, 그 대학 풋볼 코치가 작성한 '오번 신조'가 좌우명이 됐습니다. 거기 이런 대목이 있습니다. "나는 노동과 노력의 가치를 믿고, 정직과 진실을 믿는다. 그것이 없으면 동료로부터 존중과 신뢰를 얻을 수 없기 때문이다."

잡스는 현대 기업사 최고의 혁신가였지만, 사실 CEO라기보다는 최고 제품 책임자에 가까왔습니다. 잡스는 묵묵히 궂은 일을 맡아주는 쿡이 있었기에 자신이 가장 좋아하는 일, 혁신 제품을 개발하는 일에 몰두할 수 있었습니다.

단계 5의 리더의 또 다른 특징은 카리스마보다는 높은 기준으로 구성원을 동기 부여한다는 점입니다.

쿡은 애플을 포용성, 다양성, 프라이버시, 환경 이니셔티브 등 진보적 가치를 지닌 회사로 변화시키고 있으며, 직원들은 높은 신뢰를 보여주고 있습니다. 쿡은 "모든 것을 내가 접했을 때보다 더 낫게 만들어놓고 떠나야 한다"라는 말을 자주 합니다. 여기엔 제품은 물론이고, 환경, 노동문제, 협력업체, 직원을 대하는 방식 등 모든 것이 해당합니다.

쿡의 주도하에 애플은 거대한 태양열 농장을 짓는 등 재생 에너지에 수십 억 달러를 투자해 2018년부터 세계 전역의 애플 시설●을 100% 재생 에너지로만 가동하고 있습니다. 또한 애플은 모든 제품을 재활용 재료로만 만든다는 계획을 추진하고 있습니다. '폐쇄 루프 공급망'이라고 부르는 계획입니다.

쿡은 조용한 리더이지만, 가치관에 해당하는 문제에는 적극적으로 목소리를 냅니다. 2013년 총기 난사 사건 때 치안판사가 용의자의 아이폰 정보를 볼 수 있는 소프트웨어를 제작해 달라고 요구하자 애플은 거절했습니다. 사법당국은 그를 비난했고, 트럼프 대통령 후보는 애플 불매 운동을 촉구했습니다.

그러나 쿡은 고객들에게 보낸 공개서한과 생방송 인터뷰를 통해 "만약 경찰관을 위해 매트 밑에 열쇠를 놓아둔다면 도둑들도 그것을 발견하게 될 것"이라는 논리로 맞섰고, 제품에 프라이버시 보호 기능을 더욱 강화했습니다.

2014년 쿡이 게이라는 사실을 커밍아웃한 것은 조용한 그의 성격에 비춰 볼 때 놀라운 사건이었습니다. 그는 "자신이 어떤 사람이든

---

● 사옥, 데이터센터, 소매매장, 사무실 등을 말한다.

중요한 존재라는 사실을 일깨워주기 위해 프라이버시를 희생했다"고 말했습니다.

쿡은 남부 시골에서 조선소 노동자의 아들로 태어나 성 소수자로 살았습니다. 그러면서도 겸양과 의지를 갖춘 5단계 리더십으로 기업 가치 세계 최고 기업을 스티브 잡스라는 천재 이상으로 훌륭히 이끌 수 있다는 점을 분명히 보여주었습니다.

세상엔 두 종류의 말이 있습니다. 쇼에 나가는 말과 쟁기 끄는 말입니다. 쇼에 나가는 말만 리더가 될 수 있다고 생각하지 마십시오. 최고의 리더는 쟁기 끄는 말입니다.

팀 쿡은 미국 앨라배마 출신으로 IBM PC 사업부에서 12년간 일한 뒤 1998년 애플에 입사한다. 2004년과 2009년 스티브 잡스의 병가 때 임시 CEO직을 맡았으며, 2011년 잡스가 사망한 뒤 CEO가 된다.

자신이 쟁기 끄는 말 같다고 생각해 본 적 있습니까? 입에 단내가 나도록 일했는데, 아직도 일감은 산더미처럼 쌓여 있고, 상사의 지시는 그치지 않고…

하루는 직장에서 자정이 넘게 일하고 나와 맥줏집에 들어섰습니다. 한 잔 또 한잔하다 보니 새벽 2시가 다 됐는데, 거기서 일하는 아주머니가 눈에 밟혔습니다. 너무 힘들어 보였습니다. 저야 이제 집에 가서 쉬면 되겠지만, 아주머니는 집에 아이들이 기다리고 또 집안일을 해야 하겠지요. 나오는 길에 "아주머니도 간식 사서 드세요"라고 얼마 안 되는 팁을 드렸습니다.

파울로 코엘료의 표현을 빌리자면 이처럼 명성도 영예도 좇지 않고 자기 일을 묵묵히 하는 '얼굴 없는 사람들'이 우리 생을 이룹니다. 이름 없는 목수 요셉이 이마에서 흘린 땀이 예수를 부양한 것처럼 말입니다.
그리고 때로는 이름 없는 사람이 팀 쿡 같은 유명한 CEO가 될 수도 있겠지요.

## 있는 그대로가 아니라 당신이 원하는 대로 생각하라
마크 베니오프

"꿈꿀 수 있다면 무엇이든 이룰 수 있다." 월트 디즈니가 한 말입니다.

꿈을 한 문장으로 표현할 수 있다면 더욱 강력할 것입니다.

세일즈포스닷컴의 창업자이자 CEO인 마크 베니오프에게 그 꿈은 "기업용 소프트웨어를 인터넷을 통해 전기처럼 빼내 쓸 수 있게 한다"는 것이었습니다. 그 꿈에 집중한 결과, 이 회사는 세계에서 가장 혁신적인 기업 중 하나가 되었습니다.

2017년 〈포천〉지는 이 회사를 가장 미래 성장 잠재력이 큰 대기업● 25곳 중 1위로 선정했습니다. 테슬라와 페이스북, 넷플릭스를 앞질렀습니다. 또 2018년 6월 〈포브스〉지는 이 회사를 100대 혁신기업 중 3위로 선정했습니다.

사람에게도, 기업에게도 꿈은 존재 이유이자 사명 의식의 원천입니다. 그 꿈이 고객의 Pain point 즉 아픔에서 비롯되고 시대의 흐름과 맞닿아 있다면 진정성을 갖게 되고 강력한 힘을 갖게 됩니다.

베니오프는 SAP, 오라클, 마이크로소프트 같은 공룡들이 지배하던 기업용 소프트웨어 시장에서 고객의 불편이 무시되고 있음을 발견했습니다. 그리고 그것을 인터넷이 해결해 줄 수 있다는 가능성을 보았습니다.

전통적인 기업용 소프트웨어는 가격이 비쌀 뿐만 아니라, 설치가 까다롭고, 유지에도 큰 비용이 필요합니다. 고객은 불편하지만, 다른 방법이 없기에 사용하고 있을 뿐이었습니다.

베니오프 스스로 기존 업체인 오라클에서 일했기에 이 문제를 잘 알고 있었습니다. 하지만 기존 업계는 그 문제를 해결할 적극적인 의지가 없었습니다.

베니오프는 당시 급부상하던 아마존에서 힌트를 발견했습니다. '아마존에서 책을 구매하고 물건을 사듯, 인터넷을 통해 소프트웨어에 접속해 사용하게 하면 어떨까? 그러면 거액을 들여 소프트웨어를 통째로 살 필요 없이 월 사용료를 내고 사용하고, 필요하지 않으면 언제

---

● 시장가치 200억 달러 이상

173

든지 해지할 수 있다. 고객은 설치와 유지에 신경 쓸 필요가 없어 총
비용을 90% 가까이 절감할 수 있다.' 신의 소명처럼 다가온 이 생각
은 그의 삶을 바꾸고 기업용 소프트웨어 시장을 바꾸었습니다.

요즘은 클라우드라고 해서 보편화한 비즈니스모델이지만, 베니오
프가 창업한 1999년만 해도 혁명적인 생각이었습니다. 베니오프의 상
상력이 업계의 기존 상식과 관행에 속박돼 있지 않았기 때문에 나온
통찰이었습니다. 김위찬 교수는 세일즈포스닷컴을 블루오션 전략의
성공 사례로 제시했습니다. 기존 산업이 고객들에게 떠넘긴 모든 문제
점을 제거해 경쟁을 무의미한 것으로 만들었다는 것입니다.

그러나 세상은 꿈만으로 바뀌지 않습니다. 베니오프의 너 큰 위대
함은 업계의 공룡들에 주눅 들지 않고 창의적인 방식으로 싸워 이긴
데 있습니다.

그는 우선 세일즈포스닷컴이 고객에게 전달하려는 메시지를 칼날
처럼 날카롭게 벼립니다. 그래서 도출해낸 원 메시지가 '노(No) 소프
트웨어'였습니다. 전통적인 개념의 소프트웨어가 아니라는 선언이었
습니다.

이 회사는 '노 소프트웨어'를 모든 마케팅, 이벤트, 고객 커뮤니케이
션의 핵심 콘셉트로 정합니다. "노 소프트웨어' 배지를 만들어 전 직

원이 부착하고, 대표전화 번호를 1-800-NO-SOFTWARE로 바꿨습니다.

제품 발표회는 마치 연극처럼 연출되었습니다. 극장 하나를 빌려 가장 낮은 층은 지옥으로 꾸몄습니다. 감옥이 있고 거기에 갇힌 배우들이 "꺼내줘"라고 외쳤습니다. 전통적인 기업용 소프트웨어 시장을 풍자한 것입니다. 소프트웨어 회사들의 로고를 망치로 두드리는 두더지 게임도 만들었습니다. 이런 과정을 통과해 가장 높은 층으로 올라가면 천국이 나타납니다. 하프 소리가 울려 퍼지고 밝은 빛이 비치는 가운데 세일즈포스닷컴이 나타납니다.

세일즈포스닷컴은 자신을 골리앗과 싸우는 다윗으로 포지셔닝했습니다. 한번은 어느 도시에서 진행할 순회 제품설명회 날짜가 업계의 강자인 시벨Siebel과 겹친 적이 있었습니다. 하지만 세일즈포스닷컴은 이 위기를 오히려 기회로 이용합니다. 배우들을 시벨의 행사장에 보내 가짜 시위를 하게 한 것입니다. 배우들은 '노 소프트웨어' 피켓을 들고 "소트프웨어는 한물갔다. 인터넷은 훌륭하다"라고 외칩니다. 가짜 TV 리포터들이 행인들에게 마이크를 들고 다가가 "인터넷에 대해 어떻게 생각하세요?"라고 묻기도 합니다.

장난스럽다고 생각할 수도 있지만, 그런 모든 행위가 회사의 원 메시지와 맞닿아 있음에 주목할 필요가 있습니다. 바로 거기서 브랜드의 힘이 길러지는 것입니다. 베니오프는 "기업가는 자신이 믿는 것을 위해 언제든 싸울 준비가 돼 있어야 한다"고 말합니다.

어느 날 베니오프는 엘리베이터에 탔다가 충격을 받습니다. 같은 건물에 세들어 있던 다른 회사 직원이 엘리베이터에 동승한 세일즈포스닷컴 직원들에게 도대체 뭐 하는 회사냐고 물었는데, 직원들이 저마다 다르게 대답한 겁니다. 베니오프는 내부 소통의 중요성을 깨닫습니다. 그는 곧 회사가 지향하는 바와 제품의 특장점, 주요 고객 명단을 두 장의 카드에 담아 전 직원에 나눠주고, 직원들을 교육하기 시작합니다.

세일즈포스닷컴이 고객과 소통하는 방식도 남달랐는데, 그것은 개방성과 투명성으로 요약할 수 있습니다. 베니오프는 교회의 집회 때 신자들이 간증하는 방식에서 힌트를 얻어, 회사의 모든 이벤트와 마케팅 자료를, 고객이 경험담을 발표하고 공유하는 것 위주로 바꾸어 나갔습니다. 그는 "평판이야말로 가장 핵심적인 마케팅 무기"라고 말합니다.

세일즈포스는 이제 매출이 133억 달러에 이르는 대기업이 되었지만, 여전히 창업 정신을 잃지 않으려 노력합니다. 인공지능 분야에 공격적으로 진출하고, 혁신적인 벤처기업들을 공격적으로 인수하기도 합니다.

베니오프는 말합니다.

"있는 그대로가 아니라 당신이 원하는 대로 생각하라."

우리의 상상력이 업계의 기존 관행에 속박돼 있지는 않을까요?

우리 회사의 원 메시지가 무엇입니까?

오늘 마크 베니오프가 여러분에게 던지는 질문입니다.

마크 베니오프는 미국 샌프란시스코 출신으로 오라클에서 13년간 재직한 뒤 기업용 클라우드 컴퓨팅 업체인 세일즈포스를 창업해 매출 133억 달러의 대기업으로 키웠다.

"나는 왜 사는가?" 여러분은 이런 생각에 깊이 빠진 적 없으신지요? 지금까지 삶에 의미를 부여하던 것들이 갑자기 무가치하게 느껴지는 순간입니다.

어느 날 마크 베니오프에게 그런 존재론적 의문이 다가왔습니다. 오라클에서 최연소 임원이 되고 수십 억 원의 연봉과 스톡옵션을 받은 그는 아메리칸 드림 그 자체였습니다. 그러나 그는 행복하지 않았고 채워지지 않았습니다.

그는 해답을 찾기 위해 인도로 안식 휴가를 떠났고, 영적인 지도자들을 찾아다닙니다. '포옹하는 성녀'로 알려진 마타 암리타 난다마이와의 만남은 베니오프의 마음에 큰 파장을 일으킵니다. 그녀는 연민과 진정성을 담아 말합니다. "당신이 성공하고 돈을 버는 과정에서 다른 사람들을 위해 무언가를 하는 것도 잊지 마세요."

베니오프는 바로 그 말이 세일즈포스라는 회사가 탄생하는 계기가 됐다고 말합니다. 베니오프는 자신이 구상하던 사업, 즉 기업용 소프트웨어를 대중화하는 일이 사업과 사회를 정방향 정렬시키는 길이 될 수 있다고 믿습니다. 그리고 사회에 긍정적 영향을 주는 것을 회사의 핵심가치로 정립합니다.


베니오프는 세일즈포스가 급성장할 수 있었던 가장 큰 이유가 기술이나 비즈니스모델

이 아니라 '되돌려 준다'는 가치에 기반한 기업문화 때문이었다고 말합니다.

존재론적 의문은 또 하나의 문턱을 넘는 계기가 될 수 있습니다.

# 미래에 대해 겸손하라
## 마티아스 되프너

디지털 파괴Digital Disruption의 영향을 가장 크게 받은 산업이 무엇일까요? 미디어산업을 빠뜨릴 수 없을 겁니다. 매일 새로운 뉴스를 다루지만, 사실 언론사 조직은 상당히 보수적입니다. 그런 곳에 디지털 파괴라는 무시무시한 태풍이 불어닥쳤으니, 그 파급 효과는 더욱 컸지요.

그런데 이런 시대에 눈부신 성장을 이룬 미디어 회사가 있습니다. 독일의 악셀 스프링거가 그것입니다. 빌트Bild와 디벨트Die Welt 같은 신문이 주력인 미디어 그룹인데, 매출이 2009년 21억 유로에서 2018년 32억 유로로 늘었습니다. 특히 주목할 것은, 이 회사의 디지털 분야 매출이 전체 매출의 71%에 이른다는 겁니다. 디지털 분야의 이익 기여도는 더욱 높아 84%에 이릅니다. 디지털 전환Digital Transformation에 성공한 대표적인 미디어 기업으로 꼽히는 이유입니다.

이런 변화를 이끈 것은 2002년 39세에 CEO가 돼 지금까지 재임 중인 마티아스 되프너입니다. 예술을 전공했고 한때 재즈밴드의 베이스 연주자를 꿈꿨던 그는 재즈 연주처럼 실험적이고 열린 마음으로 거의 불가능해 보였던 변화를 이뤄내는 데 성공합니다.

되프너 부임 이래 악셀 스프링거가 기울인 노력과 다양한 시도는 마치 실험실을 방불케 합니다. 가장 두드러진 것이 공격적인 기업 인수입니다. 2000년부터 2013년까지의 기업 인수 합병 건수만 82건, 합작투자가 10건에 이릅니다. 2013년 이후에는 언론과 직접 관련 없는 초기 비즈니스에도 많이 투자했는데, 2016년 상반기까지만 90건 이상에 이릅니다.

인수한 기업은 대부분 인터넷이나 모바일 스타트업입니다. 미국의 기업 뉴스 사이트 비즈니스 인사이더, 유럽의 여성 포털 사이트, 온라인 가격 비교사이트, 할인 쿠폰 사이트, 구인/구직 포털 사이트를 인수했습니다. 온라인 비디오게임 플랫폼, 온라인 축구 커뮤니티를 인수하고, 에어비앤비에 지분 투자하기도 했습니다. 벤처캐피탈을 방불케 합니다.

파괴적 혁신 이론을 창안한 크리슨텐슨 교수에 따르면 "존재하지 않는 시장, 다시 말해 신시장은 분석할 수 없으며, 학습하고 발견해야 한다"고 했는데, 악셀 스프링거가 바로 그랬습니다.

예를 들어 악셀 스프링거는 '저널리즘의 아이튠즈'라고 주장하는 네덜란드 스타트업 Blendle을 인수합니다. 아이튠즈가 노래를 한 곡씩 나눠 팔듯이 기사를 하나씩 나눠 파는 모델을 시험하기 위해서입니다. 악셀 스프링거는 또 Readly라는 스타트업과 제휴해 월 구독료를 내면 전 세계 수백 개 언론사의 기사 수천 개를 볼 수 있는 서비스에 참여했습니다. 음악 구독 서비스 Spotify의 언론 버전을 시험한 것입니다. 악셀 스프링거 고위 관계자는 "어느 방식이 승자가 될지 모르기 때문에 한 가지 도그마에 집착해서는 안 되었다"고 말했습니다.

악셀 스프링거에게 기업 인수는 '학습'의 의미도 강했습니다. 즉 '새로운 피'와 교류하고 배우는 기회이기도 했습니다. 악셀 스프링거는 2013년 미국의 액셀러레이터 기업과 손잡고 베를린에 악셀 스프링기 플러그 앤드 플레이라는 액셀러레이터를 창립했습니다. 스타트업에 창업 공간과 자금·멘토링을 제공하는 기관인데, 악셀 스프링거에게는 새로운 기술과 인재, 투자 기회를 접하는 기회이기도 했습니다.

되프너 사장은 이 시대 미디어산업의 처지를 자동차가 처음 등장했을 때 마차 사업자에 비유하곤 합니다. 마차 사업자가 자신의 업을 마차 사업이라고 정의했다면 그의 장래는 어두웠을 것입니다. 하지만 그가 자신의 업을 운송 사업이라고 정의했다면 그의 미래는 달랐을 것입니다. 되프너는 악셀 스프링거의 비전을 "유럽 미디어산업의 디지털화 승자"로 내걸었으며, "퀄리티 저널리즘의 미래를 지키기 위해 신문은 종이에서 해방돼야 한다"고 말했습니다. 되프너는 악셀 스프링거를 디지털화하기 위해 벌여온 집요한 노력을 "폭풍이 몰아치기 전에 집을 비바람에 막아주는 것"이라고 비유하기도 했습니다.

그러나 이 모든 변화가 결코 쉽게 이뤄질 리 없습니다. 무엇보다 오랜 종이 시대의 사고에 젖어있는 구성원들의 마인드 셋을 바꿔야 했습니다. 되프너는 이를 위해 파격 조치를 취합니다.

핵심 경영진을 업무에서 손 떼게 하고 실리콘밸리에 연수를 보낸 겁니다. 핵심 매체인 빌트의 편집국장과 그룹의 최고마케팅책임자, 그리고 디지털 자회사 이데알로의 CEO 3명이 대상이었습니다.

삼인방은 실리콘밸리에서 10개월을 머물며 그곳 기업가들이 위험 감수와 실패를 독일과 다른 의미로 받아들이고, 기술을 두려워하기보다 끌어안는다는 것을 발견했습니다. 삼인방은 또한 디지털화의 속도가 생각보다 훨씬 빠르게 진행되고 있음을 알게 되고 되프너 사장에게 디지털화를 더 재촉해야 한다고 건의합니다. 뒤를 이어 악셀 스프링거의 최고경영진 70명이 실리콘밸리에서 3일간 워크숍을 가졌는데, 그 모토는 '안전지대를 떠나라'Leaving the comfort zone였습니다.

악셀 스프링거는 2019년 미국의 사모펀드인 KKR을 전략적 투자자로 받아들인다는 뉴스로 업계를 다시금 놀라게 했습니다. 이에 따라 KKR이 악셀 스프링거 소액주주 지분 44%를 공개매수로 사들였습니다. KKR은 악셀 스프링거 사주 가족과 마티아스 되프너(지분 합계 50.6%)와 회사를 공동 경영하기로 했고, 기존 경영진은 유임했습니다. 이 제휴로 악셀 스프링거는 단기적인 주가 움직임에 구애받지 않고 디지털 분야 투자를 가속화할 것으로 보입니다.

디지털 파괴의 시대에는 새로운 리더십이 필요합니다. 그 덕목 첫 번째는 겸손함입니다.

되프너는 미래에 대해 겸손했습니다. 미래를 내게 유리한 방식으로 해석하는 게 아니라 항상 최악의 경우를 생각하며 대비했습니다. 또한 되프너는 자신의 무지에 대해 겸손했습니다. 자신이 모르고 있다는 것을 인정하고, 배움에 대해 열려 있었습니다. 되프너는 실패에 대해 겸손했습니다. 파괴적 기술의 진로는 사전에 알 수 없기에 다양한 실험을 했으며, 실패는 당연한 것으로 받아들였습니다.

"당신은 미래에 대해 겸손하십니까?" 오늘 되프너가 우리에게 묻는 질문입니다.

마티아스 되프너는 독일 본 출신으로 일간지 빌트Bild와 디벨트Die Welt를 소유한 독일 미디어 그룹 악셀 스프링거의 CEO이다. 기자 출신으로 디벨트 편집국장을 역임했으며, 현재 독일 신문 발행인 연맹의 회장을 겸임하고 있다.

제가 언론사에서 20년 이상 일했기에 이 강의를 준비하면서 더욱 공감이 갔습니다. 디지털 파괴라는 태풍이 불어닥치는 가운데 외롭게 그것을 예견하고, 집을 비바람에 대비해야 했던 되프너가 보여준 남다른 행보는 인상적이었습니다.

리더십의 덕목은 예나 지금이나 비슷하겠지만, 요즘처럼 변화의 속도가 빠르고 앞을 예측하기 힘든 시대엔 새로운 리더십 덕목이 추가로 필요합니다. 디지털 시대에 성공적인 리더들을 분석한 최근 연구에 따르면, 그들에겐 네 가지 특성이 공통적이었습니다. 그 첫 번째가 '겸손'이었습니다. "피드백을 흔쾌히 받아들이고, 다른 사람들이 나보다 많이 안다는 것을 인정하는 태도"를 의미합니다. 급변하는 시대엔 내가 모른다는 것을 아는 것이 아는 것을 아는 것 못지않게 중요합니다. 내가 모른다는 것을 인정해야 배울 수 있지요. 겸손하지 않으면 배울 수 없고, 나보다 훌륭한 사람을 뽑을 수도 없습니다.

되프너는 겸손의 리더십에 딱 맞아떨어지는 사례 같아 강의 제목을 '미래에 대해 겸손하라'라고 달았습니다.

# 진흙탕에서 기어 올라온 자가 성인이다
### 런정페이

미·중 무역전쟁의 태풍이 몰아치고 있습니다. 그 태풍의 핵에 있는 회사가 중국 화웨이입니다. 최근 미국 정부의 타깃이 되자 이 회사는 곳곳에 전투기 사진을 내걸고 결사항전을 다짐했습니다.

이 회사의 창업자인 런정페이任正非 회장은 대학에서 엔지니어링을 전공했고, 14년간 공병으로 인민해방군에 몸담았습니다.

덩샤오핑이 경제개발에 자원을 집중한다는 이유로 대대적으로 군을 감축하자 군복을 벗게 됩니다. 신흥 산업도시 선전의 몇 기업에서 일자리를 잡았으나, 사기를 당해 거액의 손실을 초래하면서 쫓겨납니다. 창업은 생계를 위한 마지막 수단이었습니다.

런정페이 회장은 43세에 창업을 하고는 회사를 군대식으로 운영했습니다. 그가 뛰어든 통신장비 시장은 경쟁이 워낙 치열하기에 생존 자체가 목표가 됐습니다. 그가 가장 자주 하는 말 중 하나는 "진흙탕에서 기어 올라온 자가 성인聖人이다"입니다.

런정페이 회장은 화웨이의 기업 문화를 늑대 정신에 비유하곤 합니다. 무엇이 닮았을까요? 첫째, 늑대는 먹잇감을 얻기까지 어떤 어려움에도 집요하게 매달립니다.

화웨이는 덤핑 경쟁을 펴고 남의 기술을 빼 와 "화웨이가 가는 곳엔 풀 한 포기 남지 않는다"는 악명을 떨치기도 했습니다. 2008년 베이징의 CDMA 입찰 때는 알카텔루슨트의 20분의 1 가격에 입찰했습니다.

화웨이의 시장 확보 전략은 마오쩌둥의 '농촌으로 도시 포위전략'을 닮아있습니다. 대기업이 미칠 수 없는 낙후 도시에 진출해 저가 전략을 구사했고, 세계 시장을 개척할 때도 서방 회사가 선점한 "기름진 땅" 대신 "궁벽하고 동란이 발생하고 자연환경이 열악한" 아프리카와 러시아에서 발판을 다졌습니다.

배움에도 집요했습니다. 1997년 IBM의 자문을 받아 통합 제품 개발 시스템●을 도입할 때 런정페이는 "짚신을 벗고 미국 신발로 바꿔

----------

● IPD, Integrated Project Delivery

신는 것과 마찬가지"라며 "삭족괄리削足适履 즉 발을 깎아 신발에 맞추는 고통이 있겠지만, 대신 시스템이 순조롭게 운행되는 환희를 얻게 될 것"이라고 말했습니다.

둘째, 늑대가 무리 생활을 하고 수직적 위계에 충실한 것처럼 화웨이도 집체주의와 절대복종을 중시합니다.

이 회사에선 성과 하위 5% 직원은 상시 구조 조정되고, 새 피를 수혈한다며 부서에 따라 관리자를 몽땅 물갈이하기도 합니다.

그런데 이 회사는 중국 젊은이들이 가장 가고 싶어 하는 직장의 하나입니다. 언뜻 이해되지 않는 상충의 열쇠는 파격적인 보상 정책입니다. 2018년 화웨이 직원의 평균 연봉은 우리 돈으로 1억 8,000만 원에 달해 알리바바의 4배에 해당합니다. 또한 주식의 1% 남짓만 런정페이 회장이 보유하고, 나머지는 상위 20% 정도의 고성과 직원에게 나눠줍니다. 실적에 따라 배당을 하기에 직원의 배당금이 월급을 앞지르는 일이 많습니다.●

런정페이는 "전 직원에게 한 통의 풀Paste을 부어 하나로 끈끈하게 붙였다"고 했는데, 그 풀의 성분 중 하나는 보상 정책입니다.

셋째, 늑대는 예민한 후각을 갖고 기회를 포착합니다.

화웨이는 비록 카피캣으로 출발했지만, 이제 5G 분야에서 세계적 경쟁력을 갖춘 기술회사가 됐습니다. 런정페이가 기술 없이는 생존이 어렵다는 생각으로 연구개발에 총력전을 펼쳤기 때문입니다. 2017년의 경우 연구개발비가 매출의 15%이고, 연구개발 인력이 8만 명으로 전체의 45%에 이릅니다.

이 회사의 기술의 산실인 베이징 연구소를 처음 만들 때 책임자가 "맡길 일이 없다"라며 연구원 채용 목표를 채우지 못하자 런정페이는 "할 일이 없다면 사람을 뽑아 모래를 씻게 해도 된다."며 채용을 독려했습니다.

그는 2016년 직원 대상 연설에서 "봄이 오는 것을 오리가 먼저 안다"는 한시를 인용했습니다. 오리는 늘 물속에 발을 담그고 있기에 물이 따뜻해지는 것으로 봄을 감지한다는 뜻입니다. 런정페이는 "물에 직접 들어가지 않고 날씨의 변화를 어떻게 알겠느냐"며 "현재의 일기예보는 미국이 만들어 내고 있지만, 앞으로 화웨이가 인류를 위한 일기예보를 해야 한다"고 말했습니다. 5G나 클라우드 컴퓨팅을 염두에 두고 한 말입니다.

늑대가 살아남은 것은 게을러지지 않았기 때문입니다. 런정페이는

---

● 직원이 퇴직할 때는 주식을 회사에 팔고 떠나야 한다.

"성공은 혐오스러운 교사"라고 말합니다. 실패하지 않으리라 생각하게 한다는 이유에서입니다. 그가 조직에 늘 위기의식을 심는 이유입니다. 최근엔 회사 연못에 외국에서 사 온 블랙스완(검은 백조)을 풀어놓고 예상치 못한 위기가 닥칠 수 있음을 경고했습니다.

화웨이에는 공산당처럼 자아비판 문화가 있는데, 회장도 예외가 아닙니다. 2018년엔 런정페이가 해외 조직 관리 부실에 책임을 지고 스스로 100만 위안의 벌금을 냈고, 직원들은 토론회에서 회장을 비판하면서 '10대 죄상'을 열거하기도 했습니다.

런정페이는 누구보다 경쟁에 시달렸지만, 경쟁을 예찬하는데, 생존에 도움이 된다는 이유에서입니다. 그의 오른팔 쑨야팡 전 이사장이 한 말은 런정페이의 생각이기도 합니다. "경쟁자들이 바짝 추격해 옴으로써 우리에게 살찐 양과 게으른 양이 태어나지 않도록 했고, 위기감으로 충만하게 했다. 경쟁은 모든 사람을 부단히 혁신하도록 압박한다."

화웨이와 런정페이 회장에 대한 수많은 논란이 진행 중이지만, 그와 별개로 런정페이가 걸어온 길을 살펴보면 과거 정주영 회장이나 김우중 회장의 일대기를 읽는 느낌과 함께 잃어버렸던 초심初心을 일깨워줍니다.

화웨이는 국내 어떤 기업에는 협력회사이지만, 어떤 기업에는 강력한 경쟁사이기도 합니다. 그런 화웨이가 늑대의 정신을 갖고 전쟁을 치르듯 일하고 있습니다. 우리는 어떤 마음가짐으로 일해야 할까요. 런정페이가 던지는 화두입니다.

런정페이는 중국 구이저우성 산간마을 출신으로, 충칭대학 재학 중 문화혁명이 발발하자 인민해방군에 입대해 공병으로 복무했다. 이후 작은 전자회사에 입사해 부사장까지 오르나 사기를 당해 사직하게 되고, 1987년 선전에서 화웨이를 설립해 세계적인 통신 장비 업체로 키웠다.

화웨이 회장에 대해 강의를 만들지 꽤 고민했습니다. 화웨이에 대한 여러 의혹이 있고, 부정적인 인식이 큰 것을 잘 알고 있기 때문입니다. 찬란한 결과가 그릇된 과정까지 정당화할 수 없다는 것도 잘 알고 있습니다.

그런데 이 강의를 만든 것은 화웨이를 정확히 이해하기 위해서입니다. 우리가 좋든 싫든 세계 IT 산업은 화웨이를 빼고는 설명할 수 없는 게 사실입니다. 그렇다면 정확하게 그들을 알아야 합니다. 상대를 알고 나를 알면 필승이란 말도 있고, 적에게서 배운다는 말도 있지 않습니까.

화웨이 본사에 다녀온 사람들은 몇 가지에 놀란다고 합니다. 사무실 곳곳에 야전침대가 있다는 것, 회장 집무실 바로 옆 연못에 실제로 블랙스완 네 마리가 있다는 것, 그리고 사내 커피숍에서 만든 컵 홀더에 "영웅은 태어나지 않고 단련을 통해 만들어진다"는 문구가 적힌 전투기 포스터가 부착돼 있다는 겁니다. 이제 우리는 스마트워크로 그들과 싸워야 합니다.

# 자넨 천재야, 내가 틀렸어
## 혼다 소이치로

일본 사람들에게 가장 존경하는 기업인 2명을 꼽으라면 항상 나오는 사람이 있습니다. 마쓰시타 고노스케, 혼다 소이치로이지요.

마쓰시타 회장을 존경하는 사람은 많습니다. 그러나 그들을 마쓰시타 팬이라고 부르기엔 무리가 있습니다. 그런데 혼다 회장의 팬은 매우 많았습니다. 그가 생전에 혼다의 직원들은 위로부터 아래까지 그를 회장님이 아니라 '오야지(아버지 혹은 영감)'라고 불렀을 정도죠. 직원들은 그를 존경하기보다 좋아했습니다.

그가 은퇴한 후 많은 직원이 모인 창립 기념 행사에 참여한 장면을 동영상으로 보았습니다. 큰 강당에서 열린 행사에서 그는 2층 뒷자리에 앉아 있었습니다. 사회자가 그를 소개하자 그는 일어나 환하게 웃으면서 조크로 말문을 열었습니다. 그러자 많은 직원이 손뼉을 치면서 환호하고 그의 이름을 외치더군요. 혼다 회장은 직원들을 가혹하게 혼내고 때로는 꿀밤을 먹이거나 물건을 던지기도 했습니다. 그런데도 왜 직원들은 그를 진심으로 따랐을까요?

일본은 어느 나라보다도 권위적인 나라 중 하나입니다. 하지만 혼다 자동차는 수십 년 전부터 매우 수평적이고 탈권위적인 조직이었습니다. 그 중심에 혼다 회장이 있었습니다. 그는 늘 현장에서 팔을 걷어붙이고 기술자들과 함께 일했고, 점심시간에는 직원과 함께 어울려 카레라이스와 라면을 먹었습니다.

그는 기술 앞에서는 사장도 말단 사원도 없다는 신념을 갖고 있었습니다. 이런 일도 있었습니다. 여럿이 모여 새 자동차 설계를 검토하던 어느 날, 혼다 회장은 기발한 아이디어를 내놓은 뒤 칠판에 그림을 그려 가며 신나게 설명했습니다. 그것도 모르고 어느 젊은 기술자는 자신의 아이디어를 종이에 그려서 그 방에 들어갑니다. 그리고 득의양양하게 이야기하던 혼다 회장에게 그 그림을 보여줍니다. 혼다 회장은 젊은 직원의 아이디어가 더 좋은 아이디어임을 금세 깨닫고는 칠판에 그린 자기 그림을 지우기 시작합니다. 그리고 신이 나서 말합니다. "자넨 천재야. 정말 좋은 아이디어야. 내 아이디어는 틀렸어."

어느 날 회사 복도를 걷던 그는 벽에 걸린 사진을 보고 분노합니다. 당시 새로 개발한 자동차 시제품을 젊은 엔지니어 몇 명이 둘러싸고 있는 모습이었고, 사진 위엔 '선택된 이들이 만든 자동차'라는 글이 붙어 있었습니다. 혼다 회장은 사진을 당장 떼라고 하며 말합니다. "식당 아줌마와 화장실 청소부 아저씨는 어디에 있나? 엘리트 몇 명만이 만드는 그런 자동차라면 안 만들어도 돼."

어느 날 자동차 설계를 담당하던 직원이 혼다 소이치로 회장의 전화를 받습니다. "빨리 와 봐!" 지방에 있던 그 직원이 신칸센을 타고 달려오니 혼다 회장이 얼굴이 벌게져서 외칩니다. "자네는 사람들을 다 죽일 생각인가?" 문제는 새 자동차의 공정에 있었습니다. 자동차의 천정 부분인 루프 패널의 이음새 부분에는 납땜으로 용접을 하게 됩니다. 납땜하고 나서는 끝부분을 줄로 깎아내 정리합니다. 그러다 보면 자연스레 분진이 발생하는데, 납땜의 재료가 납과 아연이기 때문에 인체에 해로울 수밖에 없습니다. 그런데 그 자동차 설계자는 생산 효율을 높이기 위해 납땜을 많이 넣는 디자인을 채택했던 겁니다.

혼다 회장이 화를 냈던 것은 생산 근로자들의 건강을 염려해서였던 겁니다. 혼다 회장은 "당장 고치게"라고 지시합니다. 결국 그 직원은 인체에 무해한 생산 공정을 고민하게 됐고, 그 결과로 용접 이음새 끝부분을 고무 띠로 감싸서 안 보이게 하는 방법을 창안합니다. 지금은 전 세계 자동차 회사들의 표준이 되었죠. 요컨대 혼다는 사심에서 화를 내지 않았습니다. 대의를 위해서 화를 냈습니다. 기술이나 안전성처럼 누구나 납득할 수 있는 일에 대해 화를 냈습니다. 그러니 직원들이 진심으로 받아들일 수 있었던 것입니다.

혼다 회장은 천재 기술자였고 물건 만들기 즉 '모노즈쿠리'의 달인이었습니다. 한데 그가 더 뛰어났던 것은 사람의 마음을 헤아리고 묶어내고 분발시키는 일이었습니다. 그런 의미에서 그는 사람 만들기 즉 '히토즈쿠리'의 달인이었습니다.

1953년 혼다 소이치로는 일생일대의 위기에 직면합니다. 당시 자본금 6,000만 엔이던 혼다가 무려 4억 엔이 넘는 기계를 빚을 내 수입했는데, 경기가 급격히 악화하여 도산 위기에 처합니다. 직원들은 모두 불안해합니다. 바로 그때 혼다 소이치로는 누구도 예상치 못한 폭탄선언을 합니다. 이듬해부터 세계적인 오토바이 레이스인 런던의 TT 레이스에 출전해 우승을 목표로 한다는 겁니다. 자전거를 개조해 오토바이를 만들던 신생 회사로서는 무모한 도전이었습니다. 유럽의 엔진은 일본의 3배나 되는 마력을 아무렇지도 않게 내고 있었으니까요.

하지만 결국 선언 후 7년 만에 혼다는 엔진의 마력과 회전수를 유럽의 2~3배로 높인 오토바이를 내놓고, 그걸로 경주해 출전해 125cc와 250cc 부문에서 1~5위를 독점하는 기염을 토합니다. 사실 그 선언은 혼다 소이치로 본인과 직원들 모두를 분발시켜 120%의 힘을 내게 하기 위한 자극제였던 겁니다.

GE의 제프리 이멜트 전 회장은 "리더란 15분 안에 6만 피트 상공에서 지상으로 내려올 수 있는 사람"이라고 했습니다. 혼다 회장은 6만 피트 상공에서 원대한 목표를 지향한 이상의 리더임과 동시에 작업복을 가장 화려한 예복이라 생각한 현장의 리더였습니다. 늘 현장에 있었던 그의 손은 연장에 맞아 손톱이 수없이 깨져서 뽑히고, 손끝이 짧아지고, 쇠붙이가 손바닥을 뚫고 나간 적도 있었습니다.

안팎으로 불확실성이 중첩되는 시기입니다.
어떻게 위기를 극복해야 할까요?

눈은 6만 피트 상공에 두면서, 손발은 늘 현장에 두었던 혼다 회장의 '이중 리더십'을 음미해야 할 때입니다. 꿈꾸는 실천가 혼다 소이치로 회장은 아직도 많은 사람들의 팬으로 자리 잡고 있습니다.

혼다 소이치로는 일본 시즈오카현 출신으로 15세에 도쿄로 상경해 자동차 수리소 수습생이 됐고, 22세에 고향에 돌아와 자동차 수리소를 설립한다. 1946년 혼다를 창립해 2년 후 첫 양산형 오토바이를 생산했고, 세계적인 자동차 및 오토바이 제조회사로 키웠다. 일본 경제계에서 신으로 불린 인물 중 한 명인 그는 1991년 간 질환으로 타계했다.

얼마 전 해외여행 중에 <커런트 워>라는 영화를 보았습니다. 전류 전쟁이란 뜻인데, 전류의 표준을 둘러싼 에디슨과 웨스팅하우스 두 사람의 암투를 다뤘습니다. 에디슨은 직류 방식을, 웨스팅하우스는 교류 방식을 각각 주장하지요.

둘의 경쟁 구도에 테슬라라는 천재 과학자가 끼어들어 스토리를 한층 극적으로 만듭니다. 테슬라는 한때 에디슨의 부하 직원이었습니다. 그는 에디슨에게 직류보다 교류가 효율적이라고 입바른 소리를 서슴지 않았습니다. 당시 교류 방식에는 몇 가지 문제가 있었는데, 테슬라는 자신의 기술로 해결책을 낼 수 있다고 하며 연구를 허락해 달라고 간청합니다.

그러나 에디슨은 "안 돼. 그럴 시간 없어. 하라는 일이나 해"라고 하며 거절합니다. 그 대목에서 혼다가 떠올랐습니다. 그때 만약 에디슨이 혼다처럼 "자넨 천재야. 내가 틀렸어"라고 했다면 역사는 바뀌었을지 모릅니다. 테슬라는 결국 에디슨의 경쟁자 웨스팅하우스와 손을 잡았고, 전류 전쟁에서 에디슨을 이기게 되니까요.
물론 에디슨은 이미 직류에 막대한 투자를 한 뒤라 방향을 돌리기가 쉽지 않았겠지만,

테슬라라는 천재를 품에 안을 아량이 아쉬웠습니다. 테슬라가 에디슨을 떠난 것은 전류에 대한 의견 차이만은 아니었습니다. 에디슨은 테슬라에게 과제 하나를 주면서 성공하면 거액의 보너스를 주겠다고 합니다. 테슬라가 성공하자 에디슨은 "미국 농담도 못 알아듣느냐"며 약속을 깨뜨렸고, 테슬라는 그날로 짐을 쌉니다.

에디슨과 테슬라 두 천재가 함께 일할 수 있었다면 두 사람뿐 아니라 세계 과학사에 큰 축복이었을 겁니다.

# 목표를 단순화하라
## 크리스토퍼 나세타

여름방학 때 호텔에서 알바를 하던 고등학생이 있었습니다. 말단인 그의 주된 업무는 막힌 변기를 뚫는 일이었습니다.

소년은 훗날 100년 역사를 자랑하는, 세계에서 두 번째로 큰 호텔 그룹의 수장이 됩니다. 힐튼Hilton Worldwide Holdings의 CEO인 크리스토퍼 나세타 회장의 이야기입니다.

몇 년 전 그가 새로 개장하는 호텔을 방문했을 때 직원 유니폼을 입어볼 기회가 있었습니다. 그는 옷이 편하지 않고 너무 무거우며 신축성도 없다는 점을 발견했습니다. 얼마 뒤 힐튼은 스포츠 의류업체 언더아머와 제휴해 좀 더 편안한 작업복을 만들었습니다.

힐튼은 2018년 〈포천〉이 선정하는, 미국에서 일하기 좋은 직장 1위에 올랐는데, 이런 세심한 배려가 뒷받침됐음은 물론입니다. 힐튼은 특히 청소나 주방 직원 같은 말단 직원의 만족도가 경쟁사보다 높게 나타났습니다.

힐튼은 직원들이 사용하는 공간의 조명을 밝게 하고 안마의자를 비치하는 등 업무 공간 개선작업도 대대적으로 벌였습니다. 나세타는 "어떻게 하면 직원들에게 잘해줄지 골몰하고 있다"고 말합니다.

그는 힐튼의 소방수로 영입된 인물이었습니다. 사모펀드인 블랙스톤은 옛 명성을 잃고 쇠락하던 힐튼을 2007년 인수합니다. 그리고 기입 구조조정 전문가이며 호텔을 재건한 경험이 있는 나세타를 CEO로 영입합니다.

사모펀드는 흔히 구조조정을 해서 단기간에 회사 가치를 끌어올린 뒤 빠져나가는, 피도 눈물도 없는 존재로 알려지지 않았습니까? 그런데 어떻게 사모펀드가 인수한 회사가 고성장 기업으로 탈바꿈하고, 종업원에게도 사랑받는 회사가 될 수 있었을까요?

단순화라는 키워드로 설명할 수 있습니다. 고수일수록 잘 정리돼 있고 단순하지요. 그것은 목표가 뚜렷하고 중요한 일에 집중하기 때문입니다. 그런데 과거의 힐튼은 그렇지 않았습니다.

나세타는 부임 초기 90일간 전 세계의 힐튼을 돌아다녔는데, 조직을 묶어주는 비전이 없고, 공유되지도 않음을 발견합니다.

힐튼은 오랜 명성에 기대 자만에 빠져 있었고, 고객을 위해 변화하고 혁신하겠다는 의지가 결여돼 있었습니다. 호텔업의 본질이 "사람들이 사람들에게 서비스하는 업"이라는 점을 잊고 있었고, 회사 운영은 최일선 직원들과 단절된 채 이뤄지고 있었습니다.

나세타 회장은 고위 간부들이 고객과 직접 교감해야 한다고 생각하고, 1년에 1주일은 반드시 호텔에서 요리나 객실 관리, 프런트 같은 일을 직접 해보게 하는 '현장 체험' 제도를 도입합니다.

나세타 회장이 직원들에게 힐튼의 핵심가치에 관해 물었을 때 답은 저마다 달랐습니다. 직원들의 대답을 다 세어보니 가짓수가 30가지에 이르렀습니다. 특히 힐튼은 국내 사업과 해외 사업 등 부문별로 여러 회사로 나누어져 있었기에 더욱 일관성 있는 기업문화가 결여돼 있었습니다. 그는 곁가지를 치고 북극성처럼 비전을 뚜렷이 설정해야겠다고 마음먹습니다.

그는 힐튼의 가치를 영어 철자로 압축합니다. H$^{hospitality}$(환대), I$^{integrity}$(성실), L$^{leadership}$(리더십), T$^{teamwork}$(팀워크), O$^{ownership}$(주인의식) N$^{now}$(바로 지금)이 그것입니다. 이를 모든 직원과 공유하고 어디를 가나 'HILTON' 문자 하나하나의 의미를 되새기게 합니다.

나세타 회장은 이런 가치관의 바탕 위에 목표의 단순화를 추구합니다. 그는 힐튼의 턴어라운드 전략을 두 가지로 단순화합니다.

첫째, 세계 시장 개척입니다. 힐튼은 강력한 브랜드와 집중화된 예약 시스템, 고객 보상 프로그램이라는 무기를 갖고 있음에도 해외 확장은 부진한 편이었습니다.

둘째, 업業의 재정의입니다. 호텔업은 과거와 달리 호텔 소유와 분리되는 추세입니다. 호텔 소유는 제3자가 하는 대신, 힐튼 같은 회사는 브랜드를 관리하며 예약, 콜센터, 고객 보상프로그램 같은 백오피스 서비스를 제공하고 로열티를 받는 프랜차이즈나 위탁경영 방식 비즈니스모델이 확산하고 있습니다. 이 분야에서 힐튼의 확장 가능성이 크다고 나세타는 보았습니다.

첫 번째와 두 번째 전략은 연결돼 있습니다. 해외에서 프랜차이즈/위탁경영 방식으로 확장하면 힐튼의 높은 인지도를 이용하면서 리스크를 크게 줄일 수 있으니까요.

나세타는 1년에 3분의 2 이상을 여행하는데 그 대부분이 해외일 정도로 시장 개척에 힘을 쏟았습니다. 중산층과 출장객들을 잡기 위해 중저가 브랜드인 힐튼가든인이나 햄프턴인으로 공략했습니다.

그 결과 부임 초기에는 계획 중인 호텔 중 해외 비중이 19%이던 것이 2014년엔 60%로 커졌습니다. 특히 중국의 성장세가 가장 가팔라

2018년 10월 현재 중국에만 150개 이상의 호텔이 있고, 400개가 추가로 진행 중입니다.

이번에는 제품과 서비스의 단순화입니다. 요즘 힐튼은 기술을 호텔 경영에 발 빠르게 활용하는 회사로 유명합니다. 디지털 키 기술을 가장 먼저 도입한 것도 힐튼이었습니다. 스마트폰으로 객실 문을 열 뿐만 아니라 체크인하고 자신이 묵을 방을 정하는 일을 처리할 수 있습니다. 힐튼이 신기술을 도입할 때 가장 먼저 고려하는 것은 '고객 경험을 단순하고 즐겁게 만드는가?'입니다.

나세타 부임 전 힐튼의 회원제도인 '힐튼 아너스 프로그램'은 마일리지를 쌓기는 쉬워도 쓰기는 어려운 항공사 마일리지 제도처럼 온갖 제한 규정으로 가득했습니다. 나세타는 과감히 제한 규정들을 풀어 고객에게 실제로 도움이 되도록 했습니다. 힐튼 아너스 회원은 2012년부터 2018년까지 3,600만 명에서 7,400만 명으로 급신장했습니다.

이번에는 운영의 단순화를 살펴보겠습니다. 그는 인사평가 제도를 뜯어고쳤습니다. 직원이 해야 할 일과 하지 말아야 할 일을 규정한 직원 수행 항목을 3,000개에서 300여 개로 줄였습니다. 불필요한 비용은 줄여나갑니다. 본사를 땅값 비싼 베벌리힐스에서 버지니아주로 옮긴 것도 그 일환이었습니다.

결국 나세타가 힐튼을 되살린 비결은 단순화로 요약할 수 있습니다. 나세타가 부임하고 나서 얼마 뒤 미국발 금융위기가 터졌고, 블랙스톤의 힐튼 인수는 세계에서 가장 값비싼 거래라는 비아냥을 받기도 했습니다. 그러나 블랙스톤의 추가 출자로 힐튼은 위기를 넘겼고, 나세타의 단순화 경영에 힘입어 급성장하게 됩니다.

블랙스톤은 증시에 재상장된 힐튼 주식을 2018년까지 모두 팔아 큰 투자수익을 거두었습니다. 실적 향상과 투자자들의 신뢰에 힘입어 힐튼은 종업원 복지에 투자할 수 있었고, 나세타는 블랙스톤이 떠난 뒤에도 계속 CEO를 맡을 수 있었으니 모두 윈윈이었던 셈입니다.

나세타는 리더십을 이렇게 정의합니다. "미래의 비전과 전략을 세우는 것, 그리고 사람들을 앞으로 나가게 동기부여하는 문화를 만드는 것이다."

조직이 커지면서 중요하지 않은 일을 너무 많이 하고 있다고 느끼십니까? 고객과 괴리되어 있다고 느끼십니까?

단순화하십시오. 목표를 단순화하고, 제품을 단순화하고, 운영을 단순화하고, 조직을 단순화하십시오.

크리스토퍼 나세타가 우리에게 주는 교훈입니다.

크리스토퍼 나세타는 부동산 투자 자문회사를 창업해 운영하다 1995년 호스트 호텔 앤 리조트에 입사함으로써 호텔업과 본격 인연을 맺는다. 그곳에서 최고운영책임자, 사장을 역임하고, 2007년 힐튼 사장으로 부임했다.

매년 12월 31일이 되면 우리 가족은 특별한 이벤트를 가집니다. 그해의 10대 뉴스를 정하고 새해의 목표 10가지를 정하는 겁니다.

뭔가 딱딱해 보이지만 그렇진 않습니다. 이를테면 2018년 10대 뉴스를 다시 보니 우리 집에 키우는 개가 스케일링을 한 뒤 구취 95%가 제거됐다는 뉴스도 들어 있네요. 그렇게 웃으며 한 해를 회고하고, 새해를 생각해 봅니다. 그러다 보면 제야의 종소리가 울리지요.

이런 이벤트를 10년 정도 해왔는데, 느끼는 게 하나 있습니다. 목표로 세웠던 게 대부분 이뤄진다는 겁니다. 목표를 정한다고 해서 자주 들여다보는 것도 아닌데, 1년 후에 다시 보면 그게 이뤄져 있는 겁니다.
그렇다고 해서 제가 계획적인 사람도 아닙니다. 어쩌다 한번 계획을 세우는데, 그것만으로도 저도 모르게 마음에 새겨지는 것 같습니다.

골프 연습을 할 때도 가끔은 오늘 무슨 무슨 연습을 해야지 하며 메모 앱에 적어두고

할 때가 있는데, 그렇게 하면 훨씬 효과적입니다. 그래서 리더들이 비전, 비전하고 외

치는 모양입니다.

## 나의 인내는 대부분의 창업자들보다 조금 길다
왕싱

사람들은 그를 "모방 기계"라고 불렀습니다. 그는 페이스북, 트위터를 그대로 카피한 중국 사이트를 만들었습니다. 그가 마지막으로 카피한 것은 미국의 공동구매 사이트인 그루폰입니다.

지난해 홍콩 증시에 상장된 이 중국 회사의 시가총액은 97조 원●에 이릅니다. 원조인 그루폰의 20배가 넘습니다.

세계 최대의 O2O(온라인 기반 오프라인 서비스) 업체인 메이투안디엔핑의 창업자 왕싱의 이야기입니다. 2010년 공동 구매에서 출발한 그의 회사는 소비자 생활의 전 영역으로 확장했습니다.

무려 3억 명이 메이투안디앤핑의 앱을 통해 음식을 배달해 먹고, 택시를 부르고, 자전거를 빌려 타고, 극장 입장권을 사고, 호텔을 예약합니다. 2017년 이 회사의 플랫폼을 통해 29억 건의 배달과 58억 건의 거래가 이뤄졌습니다.

그러나 오늘이 있기까지 왕싱의 삶은 결코 평탄하지 않았습니다. 그는 시멘트 회사를 창업한 아버지를 두었습니다. '푸얼다이富二代'로 불리는 '금수저' 출신인 것이죠. 그러나 그는 가업을 이어받지 않고 직접 창업에 나선, 이른바 '촹얼다이創二代'의 대표 주자로 꼽힙니다.

그는 칭화대 전자공학과를 졸업한 후 컴퓨터 공학을 공부하기 위해 미국 유학길에 오릅니다. 그러나 2004년 박사 과정**을 중단하고 귀국해 사업가의 길에 들어섭니다. 그리고 5개의 소셜 사이트를 창업합니다. 평균 2년마다 한 번꼴로 새 사업을 시작한 겁니다.

2005년에 페이스북을 모방한 사이트 사오네이왕을 만들어 사용자가 급증했지만, 뒷받침할 서버를 마련할 돈이 없어 1년도 안 돼 매각해야 했습니다. 왕은 당시 심경을 블로그에 "이것이 끝은 아니다. 더군다나 끝의 시작도 아니다"라고 적었습니다.

2007년에 트위터를 모방한 판퍼우왕을 만들어 큰 인기를 끌었지만, 사용자들이 소수민족 분쟁에 대해 올린 글이 문제가 돼 정부로부

----------

● 2020년 1월 13일 현재
●● 미국 델라웨어대학 컴퓨터공학과

터 폐쇄 조치를 당합니다.

메이투안을 창업한 뒤에도 고난은 끝나지 않았습니다. 그루폰이 성공하자 중국 시장에 메이투안 외에도 비슷한 공동 구매 사이트가 우후죽순 생겨나 2011년엔 5,058개에 달했습니다. 인터넷 투자 붐이 일면서 막대한 자금이 이런 회사로 몰려들었습니다. 이들은 점유율을 높이기 위해 광고에 어마어마한 돈을 쓰는 등 출혈 경쟁을 벌이기 시작했습니다.

치열한 전쟁은 3년을 끌었고 2013년 포연이 걷히자 3개의 사이트가 남았습니다. 메이투안과 디엔핑, 누오미가 그것입니다. 1위 메이투안과 2위 디엔핑은 2015년 합병해서 한 회사가 되었지요.

왕싱은 무엇이 달랐을까요?

첫째, 돈이 없어 회사를 매각한 경험이 있는 그는 현금의 중요성을 누구보다 잘 알고 있었습니다.

그는 효율을 높여 비용을 낮추는 데 집중했습니다. 광고에 돈을 쏟아붓는 대신 사이트를 개선해 새로운 사용자를 획득하고 유지하는 비용을 낮추고, 복잡하기 짝이 없는 백엔드 프로그램을 최적화했습니다.•

메이투안의 핵심 경쟁력 중 하나는 자동 결제 시스템입니다. 소비자가 결제하면 돈이 즉시 판매자에게 이동합니다. 공동 구매 사이트의 도산이 속출해 대금을 받지 못하는 식당이 많았던 때이니 환영받을 수밖에 없었습니다.

왕싱은 "원자를 옮기는 게 불가능할 때 우리는 비트<sup>Bit</sup>를 옮겨 효율을 개선한다"고 말했습니다. 그의 생각에 메이투안디엔핑은 소비자, 판매자, 그리고 유통 시스템 전반에 더욱 효율적인 비트의 이동을 촉진하기 위해 만들어진 기술 회사인 것입니다.

이 회사에 일하는 프로그래머가 몇 명일까요? 1만 명이 넘습니다. 왜 그렇게 많을까요? 예를 들어 이 회사엔 배달 인력만 50만 명이 넘으니 정확한 기술을 이용해 배달 효율을 높이고 비용을 낮추는 것은 중요할 수밖에 없습니다. 메이투안은 또한 인공지능 기술을 응용해 주문을 가장 적합한 배달 인력에게 할당하고 가장 효율적인 배달 경로를 짭니다.

왕싱은 한 인터뷰에서 이렇게 말한 적이 있습니다. "많은 기업가가 자본에 너무 의존하고, 자본이 어떤 문제든 풀어주리라 생각한다. 명심해야 할 것은, 텐센트가 언제나 당신보다 더 많은 돈을 갖고 있다는 사실이다." IT 거인 텐센트나 알리바바와 경쟁하려면 돈이 아니라 나

---

● 프론트엔드는 사용자와 직접 접촉하며 상호작용이 이뤄지는 반면, 백엔드는 사용자와 만나지 않고 프론트엔드와 연동해 기술적인 부분을 처리한다.

만의 경쟁력이 필요하다는 의미입니다.

둘째, 왕싱은 장기적인 소비지 충성도를 단기적인 할인으로 살 수 없다는 것을 알고, 시간이 걸려도 소비자의 신뢰를 얻는 길을 택했습니다. 과거처럼 미국 사이트를 무작정 베낀 것이 아니라, 중국 소비자에 최적화된 소비자 인터페이스를 구축하는 데 주력했습니다.

메이투안은 대규모 콜센터를 업계 최초로 운영해 소비자 불만족에 대응했고, 소비자들이 서비스 만족도를 평가할 수 있는 평가 시스템도 마련했습니다.

왕싱은 "소비자 만족도를 높이기 위해 노력하면 입소문 효과가 날 것으로 생각했다"며 "이는 광고보다 훨씬 효과적"이라고 말했습니다.

왕싱이 남달랐던 세 번째 포인트는 피봇 즉 방향 전환 능력입니다. 그루폰이 기존 사업, 즉 공동 구매에 머물렀던 반면, 메이투안은 끊임없이 사업을 확장하고 핵심 제품을 재구성했습니다. 음식 배달, 여행, O2O, 자전거 공유 등 새로운 소비 트렌드가 닥칠 때마다 왕싱은 방향을 전환하고 회사를 개혁했습니다.

2015년 중국 최고의 맛집 평가 사이트이자 공동 구매 사이트인 디엔핑을 합병하고, 2017년에는 자전거 공유 앱인 모바이크를 인수한 것이 대표적입니다.

문어발식 확장 같기도 하지만, 왕싱의 관점에선 비트의 이동을 촉진해 효율을 높이고 소비자의 삶을 향상하는 것이니 같은 비즈니스입니다.

중국 인터넷 열풍을 이끈 바이두, 알리바바, 텐센트를 BAT라고 하지요. 그 뒤를 이어 모바일 시대를 이끌어갈 새로운 IT 3인방으로 TMD가 주목받고 있는데 그중 한 업체가 메이투안디엔핑입니다(나머지 둘은 뉴스앱 터우티아오와 차량 공유 업체 디디추싱입니다).

왕싱이 대표하는 2세대 스타트업은 카피캣으로 출발했지만, 검투사로 단련되었습니다. 그들은 빠르고, 기민하고, 군살이 없고, 때로는 비열하기까지 합니다. 그렇게 경쟁에서 살아남고, 미국과 구분되는 독자적인 생태계를 구축했습니다.

왕싱의 말이 의미심장합니다. "나의 인내는 대부분의 창업자보다 조금 길다. 그건 수년간의 스타트업 경험에서 얻은 것이다."

경쟁에 의미가 있다면, 나를 분발시키는 점에 있을 것입니다.

5000대 1의 경쟁을 뚫고 살아남은, '라스트 맨 스탠딩' 왕싱의 사례에서 자극과 용기를 얻어 보시길 바랍니다.

왕싱은 명문 칭화대학 졸업 후 미국으로 건너가 박사 학위 과정을 밟던 중 2004년 중국으로 돌아와 중국판 페이스북 샤오네이왕과 중국판 트위터 판퍼우왕을 설립했으나 실패했다. 2010년 중국판 그루폰Groupon 메이투안美團을 설립했으며, 사업 영역을 음식 배달, 여행, 자전거 공유 등으로 확대해 오늘날 중국인의 삶은 이 회사를 빼고는 상상하기 힘들게 됐다.

인내에 관한 여러 말 중에 제가 가장 좋아하는 것은 정호승 시인의 낙타의 비유입니다. 낙타가 무거운 짐을 지고 사막을 힘겹게 걷고 있었습니다. 걷고 또 걷다가 마지막에 쓰러졌는데, 깃털 하나가 짐에 내려앉았기 때문이었습니다. 지금까지 지고 온 무거운 짐에 비하면 비교도 안 될 만큼 가벼운 깃털 하나에 쓰러지고 만 것입니다. 낙타로선 얼마나 억울한 일입니까. 정호승 시인은 이 비유를 통해 이제 마지막이라고 생각할 때 한 번만 더 힘을 내보자고 말합니다.

"나의 인내는 경쟁자보다 조금 더 길다"라는 왕싱의 말 역시 쉽게 잊히지 않는 말입니다. 젊은 창업자가 겪은 신산辛酸과 내공이 느껴집니다. 새로운 시대를 위한 경쟁은 기술의 경쟁이고, 비즈니스모델의 경쟁이기도 하지만, 궁극적으로는 인내의 경쟁이 될 것입니다.

# 난독증은 내게 기회를 주었다
### 존 체임버스

다빈치, 아인슈타인, 에디슨, 우드로 윌슨, 리처드 브랜슨, 조너선 아이브의 공통점이 무엇일까요? 난독증難讀症 환자라는 점입니다. 존 체임버스 전 시스코 회장도 그랬습니다.

2014년 후배 윤형준 기자가 그를 인터뷰했을 때 그는 "지금도 난독증 이야기를 꺼내면 손바닥 안이 축축하게 젖을 만큼 긴장되고 부끄럽다"고 말했습니다. 세계 최대 인터넷 장비업체 시스코의 CEO를 20년간 역임하며 매출을 50조 원으로 키운, 천하의 체임버스 회장이 말입니다.

올해 일흔한 살인 그는 쉰이 다 돼서야 자신이 난독증 환자임을 공개적으로 밝혔습니다. 그는 지금도 보고서를 스스로 보지 못합니다. 비서가 읽어줍니다. 그런데 그 지독한 핸디캡이 오히려 성공의 발판이 됐습니다. 그는 잘 읽을 수 없기에 잘 듣고, 잘 기억해야 했습니다. 그는 1년 전에 사석에서 들은 통계 수치를 1년 뒤에 기억할 정도입니다. 난독증이 자연스레 그를 경청의 대가로 만든 셈입니다. 그리고 이는 남다른 경쟁력의 원천이 됐습니다.

시스코의 성공 비결에 관해 묻자 그는 "시스코가 시장 1등이 된 것은 고객들이 요구하는 것을 들었기 때문"이라고 말했습니다. 그러면 고객의 니즈를 어떻게 아느냐? 그는 "아주 간단하다"라고 말했습니다. 고객과 많은 이야기를 나누면 된다는 겁니다. 그는 1주일에 평균 30시간을 고객 응대에 투자했다고 합니다. 하루에 5~6시간을 고객과 보낸 셈입니다.

그의 이야기를 그대로 한번 옮겨 보겠습니다. "IT는 지난 30년간 기하급수적으로 발전해 왔습니다. 그러나 신기술이 아무리 쏟아져 나온다고 해도 고객 수요에 맞추기는 어렵죠. 고객은 항상 기술 이상의 무언가를 요구하기 때문입니다. 그러나 고객들과 끊임없이 이야기를 나누다 보면, 어느 순간 고객이 먼저 자신이 원하는 것이 무엇인지를 이야기해 옵니다. 이를테면 '존, 우리는 빅데이터를 즉각 분석해 볼 수 있는 솔루션이 필요해요'라는 식으로요. 여기서 회사가 나아가야 할 길에 대해 영감을 얻습니다." 그는 이런 말도 했습니다. "기술과 결혼할 수 없고, 제품과 결혼할 수 없고, 조직과 결혼할 수는 없지만, 고객과는 결혼할 수 있다."

난독증은 그에게 큰 그림을 보고, 남과 달리 생각하는 능력도 줬습니다. 그는 어떤 목적지까지 가는 길을 글로 설명해 준다면 찾아갈 수가 없다고 했습니다. 대신 그냥 지도에 점을 찍어주면 누구보다 빨리 이해할 수 있다는 겁니다. 그는 "큰 그림을 보는 게 더 익숙하기 때문"이라고 말했습니다. 그는 어렸을 때부터 목표를 이루려면 다른 사람들과는 다른 방식을 택해야 한다는 것을 잘 알고 있었다고도 했습니다. 그의 말을 다시 옮겨 볼까요? "예컨대, 다른 사람들이 A, B, C, D, E, F, G… 이런 식으로 순서대로 결론인 Z에 도달하는 구조로 생각한다면, 저는 A, B 다음에 Z로 점프합니다. 그리고 여러 가지 결론 가운데 타당하지 않은 것을 제거해서 옳은 답을 내리는 겁니다. 그러다 보니 오히려 다른 사람들보다 더 빠른 속도로 결론을 내릴 수 있게 됐어요."

체임버스 회장은 "삶은 어떤 부분에서 제한이 주어지면 반대급부로 얻는 무언가가 있게 마련"이라고 했습니다. 야구에 비유하자면, 그는 지금까지 줄곧 커브 볼만 연습해 온 셈이라는 겁니다. 직구는 아예 포기하고 말입니다. "그런데 커브 볼이 날아온다면, 당연히 그 누구보다 잘 칠 수 있지 않을까요?"라고 체임버스 회장은 말했습니다.

흔히 사람들은 새로운 아이디어를 펴는 데 현실에 제약 조건이 많다고 불평합니다. 자금의 제한, 기술의 한계 같은 것들 말입니다. 하지만 역설적이게도 이런 제약 조건이 오히려 전혀 새로운 아이디어의 발판이 되기도 합니다. 제약 조건을 뛰어넘기 위해서는 체임버스 회장처럼 스스로 '상자 밖'에서 생각할 수밖에 없기 때문입니다.

최장수 CEO가 된 비결을 묻자 그는 '동병상련'을 꼽았습니다. "스스로 장애가 있었기 때문에 다른 사람의 결핍과 아픔을 이해할 수 있었다"는 것입니다. 그는 단 한 번도 다른 사람을 놀려본 적이 없다고 했습니다. 또 누군가를 처음 만나면 반드시 그 사람에게 "이름을 어떻게 부를까요?"라고 물어본다고 합니다. 호칭은 사람과 사람을 감정으로 엮어주는 연결 고리라고 생각하기 때문입니다. 정신과 의사였던 그의 어머니는 다른 사람과 늘 적극적인 태도로 교감해야 한다고 끊임없이 가르쳐 주었다고 합니다.

그는 이러한 경청과 공감을 통해 미래를 늘 빨리 예측하고 대응할 수 있었습니다. 이를테면 원거리 화상통화, 만물 인터넷, 클라우드 서비스 같은 신기술을 예측해 선제 대응했습니다. 전문가들은 '규모의 경제'가 아닌 '속도의 경제'가 시스코 성공의 핵심 요인이라고 말합니다. 속도를 위해서 상명하달식 수직 문화를 철저히 배격하고, 작은 조직을 여럿 만든 뒤 자율권을 부여함으로써 의사 결정 속도를 빠르게 유지합니다.

시스코 같은 첨단 IT 기업에 새로운 기술은 절대적으로 중요한 요소입니다. 그러나 체임버스 회장은 회사가 너무 기술 위주로 흐르는 것을 경계했습니다. 고객 관점을 잃어버릴 수 있다는 이유에서입니다. 그의 말을 다시 옮겨볼까요? "종종 제품을 기술력으로만 정의하는 사람들이 있습니다. 이를테면 '이 제품은 기존보다 1,000배 빠른 기술을 적용했습니다'라고 말합니다. 그러나 제품은 고객에게 어떤 혜택을 제공하느냐로 정의해야 합니다. 우리는 '이 제품은 지금 당신이 일하는 시간을 50% 줄여줍니다'라는 식으로 말합니다."

새해엔 우리 스스로 난독증 환자라고 생각하시고 상대의 말을 한마디도 빼지 않고 끝까지 귀 기울이는 습관을 들이면 어떨까요? 그리고 기술을 자랑하기보다 고객에게 어떤 혜택을 줄지를 먼저 생각하면 어떨까요? 일을 하는 데 제약 요인이 많다면 실망하기보다 생각지 못한 기회를 가져오는 은밀한 축복이 될 수 있다고 생각하는 연습을 해 보면 어떨까요?

체임버스 회장처럼 자신의 약점을 오히려 경쟁력의 원천으로 승화할 수 있으면 좋겠습니다.

존 체임버스는 미국 오하이오주 출신으로 1991년 네크워크 장비 업체 시스코에 입사했고, 1995부터 2015년까지 CEO로 장기 재임하며 시스코의 번영을 이끌었다. 그의 재임 기간 매출액은 12억 달러에서 471억 달러로 약 40배 커졌다.

저는 건망증이 심한 편입니다. 우산을 잃어버리기 일쑤이고, 얼마 전에도 아이들이 생일 선물로 준 무선 이어폰을 잃어버렸습니다. 차를 갖고 출근한 걸 까맣게 잊고 택시 타고 집에 오기도 하고, 다른 생각을 하다 지하철역을 지나치기도 합니다.

제 건망증 굴욕사의 압권은 시계 사건입니다. 어느날 출근하고 보니 제 손목에 시계 두 개가 채워져 있었습니다. 시계 하나를 찬 것을 잊고, 하나를 또 찬 것이죠.

이런 건망증이 적어도 한 가지는 쓸모가 있습니다. 모임에서 이런 이야기를 꺼내면 분위기가 밝아지는 겁니다. 저는 속마음과 달리 표정이 꽤 근엄해 보여 다른 사람들이 화난 것으로 오해하겠다고 집사람이 주의를 주곤 합니다. 그런데 제 입으로 제 실수를 이야기하고, 저 자신을 놀리면 사람들이 오해를 풀고 무장해제를 합니다.

존 체임버스가 난독증 이야기를 공식 석상에서 처음 꺼낸 것은 20년 전 '직원 자녀 일터 데리고 오기' 행사에서였다고 합니다. 한 어린 소녀가 그에게 질문을 하려고 손을 들었는데, 한참을 말을 잇지 못하고 당황했습니다. 소녀가 눈물을 흘리며 자신이 학습 장애가 있다고 고백할 때 체임버스는 자신도 그렇다고 고백했습니다.

그날 체임버스는 직원들 수십 명으로부터 고맙다는 메시지를 받았습니다. 스스로가 난독증이 있는 직원, 자녀가 난독증인데 어찌해야 할지 모르는 직원도 있었습니다. 그들 대부분에게 시스코 사장은 다가가기에는 너무 먼 당신이었는데, 그날 충분히 다가설 수 있는 가까운 당신이 되었던 겁니다.

# 당신의 10년 후 철포는 무엇입니까
## 손정의

손정의 회장이 다시 화제의 중심에 섰습니다. 2019년 11월 네이버와 통 큰 제휴를 선언했기 때문입니다. 소프트뱅크 산하의 야후 재팬과 네이버 산하의 라인 경영을 통합한다는 것입니다.

한일 양국을 대표하는 IT 기업이 힘을 모아 이용자 1억 명이 넘는 메가 플랫폼을 만든다는 것이어서 글로벌 산업계에 커다란 충격파를 던졌습니다. 자세한 제휴 방식은 아직 구체화하지 않았지만, 미국과 중국이 장악하고 있는 인터넷과 인공지능 분야 패권에 대항마가 될 것으로 주목받고 있습니다.

손 회장이 투자한 우버나 위워크의 부진으로 그의 경영 능력에 대한 회의론이 일고 있던 참이었는데, 그는 전혀 위축될 기미가 아닙니다.

그가 통 큰 결단을 거듭 내릴 수 있는 것은, 그가 늘 미래를 생각하기에 가능합니다. 손정의는 역사 공부를 즐긴다고 합니다. 그런 그가 평소 누구를 즐겨 벤치 마크했는지 아십니까?

오다 노부나가였습니다. 특히 그가 2010년에 30년 비전을 발표하기 전에 그랬습니다. 왜일까요?

오다 노부나가와 도쿠가와 이에야스 연합군이 다케다 다쓰요리를 물리치고 천하의 패권을 잡은 것이 나가시노 전투였습니다. 노부나가가 그 운명의 전투에서 이긴 결정적 원인은 철포, 즉 조총이었습니다. 철포 3,000자루로 당시 가장 강했던 다케다 군의 기마대 1만 2,000명을 섬멸했지요.

노부나가는 전투에 직접 참여하지 않은 다이묘들로부터 철포를 모아들여 당시로선 거의 불가능했던 대규모 철포부대를 만들어냈습니다. 전쟁의 패러다임 시프트를 미리 내다본 것이 승인이었던 것입니다.

손정의라는 기업가는 패러다임 시프트를 예측하는 일에만 평생 골몰해 왔습니다. 그래서 노부나가를 벤치 마크했던 것이지요.

손정의에게 철포는 야후, 아이폰, 알리바바, 그리고 암ARM이었습니다. 그는 기업가보다 투자가로 더 유명하지요. 야후나 알리바바처럼 나중에 대기업으로 성장할 벤처기업을 수도 없이 발굴해 냈습니다. 일본의 워런 버핏이라 할 만합니다. 니혼게이자이 신문 기자가 쓴『손정의, 300년 왕국의 야망』이란 책은 손정의가 시대에 앞서 미래의 철포를 찾아낸 장면들을 클로즈업해 보여줍니다.

손정의는 아이폰이 나오기 얼마 전에 평소 가까운 사이였던 스티브 잡스를 만났습니다. 그때 그는 잡스가 세계를 바꿀 모바일 기계를 만들고 있음을 감지합니다. 잡스는 시치미를 뗐지만, 손정의는 장차 잡스가 모바일로 뭔가 한다면 손을 잡자고 제의합니다. 그날 두 사람의 대화는 훗날 소프트뱅크가 일본에 아이폰을 독점 판매하는 계기가 됩니다.

그런데 손정의는 잡스와의 만남에서 또 하나의 생각을 품게 됐습니다. 잡스가 만들려는 작고 뛰어난 기계, 즉 스마트폰을 만들려면, 저소비 전력 기술이 필수적입니다. 그런데 그것은 영국의 반도체 설계회사 암이 자랑하는 기술이었습니다.

손정의는 당시엔 거의 알려지지 않았던 그 회사를 사고 싶다는 생각이 들었습니다. 아무도 그 회사의 가치를 알아보지 못할 때라 더욱 갖고 싶었다고 합니다. 그는 당시에 이미 벌여놓은 일이 많아 당장은 여력이 없지만, 언젠가 반드시 매수해야겠다고 마음먹습니다.

그로부터 10년이 지나 손정의는 암을 인수한다고 발표했습니다. 인수 가격이 무려 33조 원. 일본 M&A(인수-합병) 역사상 최대 금액이었습니다. 그는 모든 사물이 인터넷으로 연결되는 시대에는 전원과 연결될 필요가 없는 초저소비 전력 반도체 칩을 대량으로 이용하게 될 것이고, 20년 안에 암이 설계한 반도체가 지구상에 1조 개 이상 뿌려지게 될 것이라 예견합니다. "바둑으로 치자면 50수 앞을 내다본 수"라는 겁니다.

손정의는 자신이 남보다 나은 특별한 능력이 단 하나 있다고 말합니다. 바로 "패러다임 시프트의 방향성과 시기를 읽는 능력"입니다. 10년이나 20년 후에 꽃피울 사업을 씨앗 단계에서 구분해내는 능력이 있다는 겁니다. 그는 "앞으로 300년 동안 진정한 의미에서 정보 빅뱅이 일어날 것"이며 "지금은 아직 그 초입"이라고 생각합니다. 그의 모든 미래 전략과 투자는 바로 이 관점에서 출발합니다.

그런 그가 2019년 방한해 문재인 대통령에게 "첫째도 인공지능, 둘째도 인공지능, 셋째도 인공지능"이라고 조언했다는 점을 우리는 깊이 새길 필요가 있습니다. 그는 1997년 김대중 대통령을 만나서는 "첫째도, 둘째도, 셋째도 초고속 인터넷"이라고 조언했었고, 그 조언은 한국이 초고속 인터넷, 모바일 인터넷 세계 1위 국가로 부상하는 데 큰 도움이 되었지요.

그는 2016년 사우디의 실세 무하마드 빈 살만 황태자를 만나 말합니다. "20세기에 신은 폐하에게 최고의 선물을 주었습니다. 석유입니다. 21세기에 신이 손정의에게도 선물을 준다면 미래를 내다보는 수정구슬을 받고 싶습니다." 그는 이어 자신이 암을 인수한 이유를 설명하기 시작했습니다. 1조 개의 반도체에서 얻을 수 있는 방대한 정보가 수정구슬이 될 수 있다는 것입니다. 사우디는 얼마 후 손정의가 만드는 1,000억달러 펀드에 540억 달러를 출자해 수정구슬을 찾는 데 동참하게 됩니다.

손정의의 기업 인수는 너무 앞서 나가기에 가까운 이들도 반대하는 경우가 많습니다. 소프트뱅크의 사외이사인 야나이 다다시 유니클로 회장은 "손정의 회장의 투자 제안 대부분에 반대표를 던졌다"고 고백합니다. 소프트뱅크의 다른 사외이사인 나가모리 시게노부 일본 전산 회장은 손정의의 암 인수를 두고 "나라면 10분의 1 가격만 지불했을 것이다. 손정의가 하는 일이라면 무엇이든 옳다고 생각해선 안 된다"고 쓴소리를 하기도 했지요.

손정의가 남들이 이해하기 힘들 정도로 앞서 나가는 이유는 무엇일까요? "승률이 90%가 될 때까지 기다리면 너무 늦고 70%의 승산이 보일 때 목숨을 걸고 싸워야 한다"고 믿기 때문입니다. 그가 자주 사용하는 단어 중 하나는 '플랫폼'입니다. 그는 어떤 회사가 플랫폼 역할을 한다는 것은 '게임의 룰을 지배하고 있다'는 의미로 해석합니다. 그에게 야후, 아이폰, 알리바바, 암은 철포이자 플랫폼입니다. 관건은 시장이 완숙되기 전에 플랫폼을 손에 넣어야 한다는 것입니다.

그는 30년 비전을 준비하던 부하 직원에게 이렇게 말한 적이 있습니다.

"비전이 없는 사람은, 본인은 열심히 땀 흘리며 산을 오르지만, 제자리를 맴돌고만 있는 꼴이지. 그런 자세로는 자신을 둘러싼 원을 벗어나기 힘들어. 하지만 비전이 있으면 재빨리 높은 데까지 올라갈 수 있어. 결국 높은 산 정상까지도 정복할 수 있지."

손정의는 때로 무모하고 준비성 없이 달려듭니다. 그가 초고속 인터넷이나 이동통신 사업에 뛰어든 장면을 보면, '어떻게 저렇게 아무런 준비도 없이 일을 벌일 수 있단 말인가?'라는 생각이 들 정도입니다. 일을 먼저 벌이고, 수습은 뒤에 생각하는 스타일입니다. 돌다리도 두드려 보고 건너는 일본식 경영과는 대조적입니다. '망하지 않고 버틴 게 기적 같다'는 생각이 들 정도입니다.

그는 준비 부족보다 때를 놓치는 것을 더 두려워하는 것 같습니다. 그래도 버틸 수 있었던 것은 훌륭한 부하들이 주위에 포진했고, 그들이 손정의의 원대한 비전에 감화됐기 때문이기도 합니다.

어쨌든 미래를 앞서 내다보려 하는 집착만큼은 4차 산업혁명 시대를 맞은 우리가 꼭 배웠으면 좋겠습니다.

오늘 생각하는 10년 후, 30년 후의 철포는 무엇입니까?
손정의가 우리에게 묻는 말입니다.

손정의는 일본 사가현 출신의 재일교포 3세로 캘리포니아 버클리대에서 경제학과 컴퓨터 과학을 전공했다. 1981년 종합 소프트웨어 유통업체인 소프트뱅크를 설립했는데, 이 회사는 알리바바, 야후재팬, 우버, 디디추싱 등 수많은 기업 지분을 보유하고, 세계 최대 벤처 캐피탈 펀드인 비전펀드를 운영하는 거대 지주회사로 발전했다. <포브스>에 따르면 2020년 1월 현재 손정의는 야나이 다다시 유니클로 회장에 이어 일본에서 두 번째 부자이다.

일본 남단에 있는 다네가지마라는 조그만 섬에 다녀온 적이 있습니다. 거기 있는 철포 박물관이란 곳에 가보기 위해서였죠.

강의에 말씀드린 대로 일본이 처음 국산화한 철포들이 거기 전시돼 있습니다. 박물관을 훑어보면서 철포 국산화가 당시 열일곱 살밖에 되지 않던 도주島主의 지시에 의해서였음을 알고 많이 놀랐습니다. 그 새파란 리더의 결정이 아니었다면 오다 노부나가가 천하를 제패한 일은 없었을 것입니다. 또 철포의 위력을 믿고 훗날 도요토미 히데요시가 조선을 침공할 엄두도 못 냈을 것입니다. 그런 생각을 하니 착잡하기 그지없어서 철포를 보고 또 보았습니다.

조선도 철포를 개발할 기회가 없었던 건 아닙니다. 항복한 왜구가 철포를 진상한 적이 있습니다. 그래서 조정에서 철포 개발에 대한 논의가 이뤄지기도 했지만, 결국 묵살되고 말았습니다.

강의에 나오는 암이란 회사를 국내 어떤 대기업에서도 인수를 검토했다고 합니다.

손정의가 인수하기 전에 말입니다. 그런데 "그런 좋은 투자기회가 있다면 왜 다른 회사들은 관심을 보이지 않으냐"라는 반대로 무산됐다고 합니다.

우리는 미래를 생각하는 일에 매우 인색합니다. 그러면서 당장 급한 일에 매달리고 말지요. 하지만 전례 없는 변화가 일어나는 지금 미래를 외면하다간 큰 낭패를 볼 수도 있습니다. 이 강의가 제가 만든 세리SERI CEO 동영상 강의 중 가장 높은 조회 수와 평점을 기록한 걸 보면, 많은 분이 10년 후를 미리 생각하자는 메시지에 공감하는 것 같아 다행입니다.

나의 모든 것을 회사에 쏟아붓고자 노력하겠지만,
결코 잡스와 같아지는 것을 목표로 삼지는 않겠다.
- 팀 쿡


있는 그대로가 아닌 당신이 원하는 대로 생각하라.
- 마크 베니오프


퀄리티 저널리즘의 미래를 지키기 위해
신문은 종이에서 해방돼야 한다.
- 마티아스 되프너


물에 직접 들어가지 않고 날씨의 변화를 어떻게 알겠느냐.
- 런정페이


자넨 천재야, 정말 좋은 아이디어야. 내 아이디어는 틀렸어.
- 혼다 소이치로

어떻게 하면 직원들에게 잘해줄지 골몰하고 있다.
- 크리스토퍼 나세타


나의 인내는 대부분의 창업자보다 조금 길다.
그건 수년간의 스타트업 경험에서 얻은 것이다.
- 왕싱


삶은 어떤 부분에서 제한이 주어지면
반대급부로 얻는 무언가 있게 마련.
- 존 체임버스


앞으로 300년 동안 진정한 의미에서 정보 빅뱅이 일어날 것,
지금은 아직 그 초입.
- 손정의

몇 해 전부터 설이 다가오면 마음이 바빠집니다. 아이들과 조카들에게 말해줄 덕담을 준비해야 했기 때문입니다.

이때만큼은 시간을 할애해 그 아이들에 대해 생각해 봅니다. 어떤 일을 겪었고, 무엇 때문에 힘들며, 주된 관심사는 무엇인지 한 사람 한 사람을 염두에 두고 유추해 봅니다. 그리고 그 아이들에게 힘이 되어줄 한마디 말을 고릅니다. 한 명 한 명 덕담을 다르게 써야 하기에 더욱 힘듭니다.

그냥 "새해 복 많이 받고 건강해라"는 식은 밋밋하고 재미없다고 생각해서 시작한 저만의 루틴입니다.

덕담은 저 스스로 생각해 낼 때도 있고, 다른 사람이 말한 좋은 인용구를 써먹을 때도 있습니다. 덕담을 고른 뒤에는 예쁜 종이에 글로 쓴 뒤 세뱃돈을 줄 때 함께 건네 줍니다. 그리고 본인에게 읽어보게 하고, 그 뜻에 관해 이야기를 나눕니다.

예를 들어 대입 시험 성적이 생각만큼 좋지 못해 의기소침한 조카에게는 이런 문구를 써줬습니다.

"삶은 증명하기 위해 사는 것이 아니라 어제보다 나아지기 위해 사는 거야!"

그 한마디 말이 그 아이가 기댈 수 있는 조그만 언덕이 되고, 쉴 수 있는 나무 그늘이 될 수 있다면 얼마나 좋을까 하는 기대를 담고 말입니다. 아닌 게 아니라 조카의 표정이 조금은 밝아지는 것 같기도 했습니다.

이 책은 28명의 멘토들이 들려주는 설날 덕담이라고 해도 좋습니다. 그들은 보통 사람들보다 지금 자리에서 멀리 떠나본 분들입니다. 또 더 많은 것을 보고, 더 크게 실패해 보고, 더 힘든 시련을 극복해 본 이들입니다.

그들의 메시지에 울림이 있는 것은 그들의 삶과 깊이 연결돼 있기 때문입니다. 삶과 괴리된 메시지였다면 감동도 없을 것입니다. 그들은 경험의 무게를 실어 말합니다. "보세요. 삶은 당신이 생각하는 것만큼 그리 힘들지 않아요. 제가 직접 겪어봐서 알거든요."라고 말입니다.

이 책에 소개된 28개의 원 메시지 중에 한마디라도 여러분의 삶에 힘이 되고 작은 변화라도 가져올 수 있다면 좋겠습니다.

더 큰 바람이 하나 있다면, 그것은 독자 여러분이 자신만의 원 메시지를 스스로 찾아내는 것입니다. 자신의 삶을 이끌어주는 방향키가 되고, 자신이 남과 어떻게 다른지를 정의해 주는 하나의 메시지 말입니다.

오직 하나밖에 없는 나만의 메시지이기에 이 책의 이름이 바로 '더 메시지'입니다. 먼 훗날 여러분의 묘비명에 후손들이 망설이지 않고 써줄 문구가 있다면 그것이 바로 여러분의 '더 메시지'일 겁니다.

이 책에 등장하는 멘토들 역시 여러분 스스로 '더 메시지'를 찾아내기를 마음속으로 바라고 있을 겁니다. 그들의 메시지를 추종하는 데 그치지 않고 말입니다. 스티븐 스필버그가 말했듯 훌륭한 멘토란 자기 생각대로 상대를 창조하는 사람이 아니라, 상대가 스스로 자신을 창조할 수 있도록 돕는 사람이니까요.

나만의 원 메시지, 즉 '더 메시지'를 갖는 것은 여러 효능과 유익을 가져다줍니다. 첫째 자신의 삶에 중심이 잡힙니다. 어떤 일에도 흔들리지 않게 해 줍니다. 둘째 자신의 주변에 사람이 모이게 하고, 그들을 이끌 수 있게 해 줍니다. 그 원 메시지로 여러분 스스로 책을 쓰고, 유튜브 방송을 시작할 수도 있습니다.

끝으로 이런 의미 있는 작업을 할 수 있게 도와준 모든 분께 마음 깊이 감사의 마음을 전합니다.

우선 세리SERI CEO에 나갈 강의를 함께 고민하고 매번 예상을 뛰어넘는 멋진 동영상 콘텐츠로 만들어준 강선민, 김경훈 PD를 비롯한 제작팀에 감사합니다.

대가들에게서 지혜를 얻는다는 취지의 이 책은 어떤 의미에서는 매주 한 명의 대가를 심층 인터뷰했던 조선일보 위클리비즈의 전통을 잇는다고도 할 수 있습니다. 또 이 책의 내용 중 일부는 후배 기자들의 취재를 바탕으로 했습니다. 위클리비즈에서 함께 일했던 동료 기자들에게 감사합니다.

이 책에 소개된 대가들에게 감사합니다. 그들의 삶 자체가 제게 자극과 용기의 샘이 되었고, 이 책을 쓰게 하는 강한 동기가 되었고, 이 책을 바치는 강력한 H빔 구조물이 돼 주었습니다.

그리고 이 책을 쓰는 과정에서 가장 솔직히 조언을 해주고 늘 격려해 준 아내와 가족에게 감사를 전합니다.

## 1. 봄이 오는 것을 오리가 먼저 안다

**한 사람도 같은 사람은 없다 - 카트리나 레이크**
- HJ Wilson, P Daugherty, P Shukla, 'How one clothing company blends AI and human expertise', Harvard business review, Nov 2016.
- S Ahuja, 'What Stitch Fix figured out about mass customization', Harvard business review, May 2015.
- K Lake, 'Stitch Fix'S CEO on selling personal style to the mass market', Harvard business review, May-June 2018.

**1만 년 관성을 깨뜨려라 - 조셉조셉 형제**
- 윤형준, '1만 년 관성을 깨다', 조선일보 위클리비즈, 2015. 3. 14.
- 매거진 B Vol.15, 조셉조셉, 제이오에이치, Apr. 2013.

**봄이 오는 것을 오리가 먼저 안다 - 킹 리우**
- 킹 리우, 여유쯔옌, 『자전거 타는 CEO』, 오승윤 역, 센시오, 2017.
- '春の鴨になりなさい' 台湾から世界を制した男、最後の教え(봄 오리가 되세요, 대만에서 세계를 제패한 남자, 최후의 가르침)', フォーブス ジャパン(포브스 제팬), Mar 2017.

**플랜 B를 가동하라 - 리드 호프먼**
- 리드 호프먼, 『어떻게 나를 최고로 만드는가』, 차백만 역, 알에이치코리아, 2012.

**영감을 찾아 마중 나가라 - 사라 블레이클리**
- 최보윤, '패션계 뒤흔든 보정 속옷 스팽스의 CEO 사라 블레이클리', 조선일보 위클리비즈, 2012. 4. 28.

### 하지 않을 일을 정하라 - 호리에 다카후미

- 호리에 다카후미, 『다동력』, 을유문화사, 2018.
- 호리에 다카후미, 『모든 교육은 세뇌다』, 하진수 역, 새로운제안, 2017.
- 堀江貴文(호리에 다카후미), 『刑務所いたけど何か質問ある?(교도소에 있었는데 뭔가 질문 있어?)』, 2014.

### 자신의 배를 불사르라 - 스쿠터 브라운

- 로버트 킨슬, 마니 페이반, 『유튜브 레볼루션』, 신솔잎 역, 더퀘스트, 2018.
- Scooter Braun, 'The Life of an Entertainment Power Player', Talks at Google, 유튜브 동영상, 2018. 4. 11.

### 해고된 것이 내 인생 최고의 행운 - 스티브 잡스

- 로런스 레비, 『실리콘밸리의 잘나가는 변호사 레비 씨, 스티브 잡스의 골칫덩이 픽사에 뛰어들다!』, 강유리 역, 클레마지크, 2017.
- 에드윈 캣멀, 에이미 월러스, 『창의성을 지휘하라』, 윤태경 역, 와이즈베리, 2014.
- CA Montgomery, DB Yoffie, 'Steve Jobs: Leader Strategist', Harvard Business School case, Apr 2015.

### 계산된 위험을 무릅쓰라 - 피터 겔브

- 이신영, '세계를 뒤흔든 피터 겔브 단장의 개혁 아리아', 조선일보 위클리비즈, 2013. 6. 15.


## 2. 내가 옳다는 것을 어떻게 아는가

### 이런 건 생각해 봤습니까? - 워런 버핏

- 로버트 P. 마일스, 『워런 버핏이 선택한 CEO들』, 권루시안 역, 국일증권경제연구소, 2003.
- 로저 로웬스타인, 『버핏: 21세기 위대한 투자 신화의 탄생』, 김기준 역, 리더스북, 2009.
- 제임스 올러클린, 『버핏, 신화를 벗다』, 조성숙 역, 이콘, 2004.

### 반항에 상을 주라 - 데이비드 패커드

- 데이비드 패커드, 『휴렛팩커드 이야기』, 유영수 역, 중앙m&b, 1997.
- Charles H. House, Raymond L. Price, *The HP phenomenon: Innovation and business transformation*, Stanford buskness books, 2009.

- Michael S. Malone, *Bill & Dave: How Hewlett and Packard Built the World's Greatest Company*, Portfolio, 2007.

### 당신의 DQ와 내 EQ를 바꿔볼까요 - 칩 콘리
- 칩 콘리, 『일터의 현자』, 박선령 역, 쌤앤파커스, 2019.
- 세스 고딘, 『보랏빛 소가 온다』, 남수영, 이주형, 안진환 옮김, 재인, 2004.

### 내가 옳다는 것을 어떻게 아는가 - 레이 달리오
- 레이 달리오, 『원칙』, 고영태 역, 한빛비즈, 2018.
- Ray Dalio, 'How to build a company where the best ideas win', Ted 동영상, 2017.

### 정직이 최고의 전략이다 - 밥 아이거
- 로런스 레비, 『실리콘밸리의 잘나가는 변호사 레비 씨, 스티브 잡스의 골칫덩이 픽사에 뛰어들다!』, 강유리 역, 클레마지크, 2017.
- Robert Iger, *The ride of a lifetime*, Random house, 2019.

### 명분이 과정을 속여선 안 된다 - 엘리자베스 홈스
- 존 캐리루, 『배드블러드: 테라노스의 비밀과 거짓말』, 박아린 역, 와이즈베리, 2019.

### 모순을 끌어안아라 - 베르나르 아르노
- 베르나르 아르노, 이브 메사로비치, 『나는 내 꿈에 뒤진 적이 없다』, 성귀수 역, 도서출판 수수꽃다리, 2001.
- 앤드루 시필로브, '럭셔리 브랜드 그룹이 인재를 양성하는 법', 하버드비즈니스리뷰 코리아, 2016년 6월.
- Suzy Wetlaufer, 'The perfect paradox of star brands', Harvard business review, Mar 2002.

### 사람이 최우선이다 - 빌 메리어트
- 최현묵, '호텔 왕의 재산은 사람, 사람, 사람', 조선일보 위클리비즈, 2015. 2. 7.
- 빌 메리어트, 캐시 앤 브라운, 『어떻게 사람을 이끌 것인가』, 이지연 역, 중앙m&b, 2015.

### 인재에게 비재정적 소유권을 주라 - 카를 하인츠 루메니게
- 윤형준, '축구에서 배우는 인재 경영', 조선일보 위클리비즈, 2014. 3. 15.

### 큰 성공은 큰 책임을 수반한다 - 트래비스 칼라닉

- Mike Issac, *Super pumped: The battle for Uber*, W. W. Norton & Company, 2019.
- 애덤 라신스키, 『우버 인사이드』, 박영준 역, 행복한북클럽, 2018.
- Robert Eames, 'Uber: Kalanick's tumultuous era', case study, retrieved from Harvard business review store, 2018.

## 3. 당신의 10년 후 철포는

### 쟁기 끄는 말이 최고의 리더다 - 팀 쿡

- 린더 카니, 『팀 쿡』, 안진환 역, 다산북스, 2019.
- 짐 콜린스, 『좋은 기업을 넘어 위대한 기업으로』, 이무열 역, 김영사, 2002.

### 있는 그대로가 아니라 당신이 원하는 대로 생각하라 - 마크 베니오프

- 김위찬, 르네 마보안, 『블루오션 시프트』, 안세민 역, 비즈니스북스, 2017.
- Marc Benioff, *Behind the Cloud*, Wiley-Blackwell, 2009.
- Marc Benioff, *Trailblazer*, Random House LLC, 2019.

### 미래에 대해 겸손하라 - 마티아스 되프너

- Robert A. Burgelman, Robert E. Siegel, Jason Luther, 'Axel Springer in 2014: strategic leadership of the digital media transformation', case study, retrieved from Stanford graduate school of business, 2014.
- Robert A. Burgelman, Robert Siegel, Ryan Kissick, 'Axel Springer in 2016: From Transformation to Acceleration?', case study, retrieved from Stanford graduate school of business, 2016.

### 진흙탕에서 기어 올라온 자가 성인이다 - 런정페이

- 지우센량, 『생존 경영:화웨이 회장 런정페이』, 이용빈 역, 시크릿하우스, 2019.
- 장위, 『런정페이, 경쟁의 지혜』, 이호철 역, 린, 2016.

### 자넨 천재야, 내가 틀렸어 - 혼다 소이치로

- 가지와라 가즈아키, 『네 뜻대로 살아라: 혼다 소이치로의 장인정신』, 손풍삼 역, 고려원, 1993.

- 이와쿠라 신야, 『1분 혼다』, 김은경 역, 북스톤, 2013.

## 목표를 단순화하라 - 크리스토퍼 나세타
- John Deighton and Stowe Shoemaker, 'Hilton HHonors Worldwide: Loyalty Wars', case study, retrieved from Harvard business review store, 2000.
- 'On a busy road, a company needs guardrails', New York Times, 2012. 10. 13.
- 'How Hilton's CEO led the company's massive turnaround', Associated press, 2014. 7. 30.

## 나의 인내는 대부분의 창업자들보다 조금 길다 - 왕싱
- 리카이푸, 『AI슈퍼파워: 중국, 실리콘밸리 그리고 새로운 세계 질서』, 박세정, 조성숙 역, 이콘, 2019.
- 'Wang Xing: the graduate school dropout behind China's Meituan Dianping meal-delivery empire', South China Morning Post, 2018. 9. 21.
- 'How Meituan Dianping became China's super-platform for services', Technode, 2018. 6. 27.

## 난독증은 내게 기회를 주었다 - 존 체임버스
- 윤형준, '세계 최대 인터넷 장비업체 시스코- 19년 장수 CEO 존 체임버스', 조선일보 위클리비즈, 2014. 12. 20.
- John Chambers, *Conneting the dots: Lessons for leadership in a startup world*, Hachette Books, 2018.

## 당신의 10년 후 철포는 무엇입니까 - 손정의
- 스키모토 다카시, 『손정의 300년 왕국의 야망』, 유윤한 역, 서울문화사, 2018.
- '소프트뱅크 투자 대성공 비결은 3가지 승부수', 조선비즈, 2018. 2. 27.
- 도몬 후유지, 『오다 노부나가의 카리스마 경영』, 이정환 역, 경영전신, 2006.
- 아키야사 슌, 『오다 노부나가 읽는 CEO: 세상의 틀을 부수는 자, 천하를 얻는다』, 박화 역, 21세기북스, 2009.

# 더 메시지

초판 1쇄 인쇄 2020년 2월 18일
초판 1쇄 발행 2020년 2월 25일

지은이  이지훈
펴낸이  오세인 | 펴낸곳  세종서적(주)

주간  정소연 | 편집  황한나 최정미 | 표지 디자인  this-cover.com | 디자인  HEEYA
마케팅  임세현 | 경영지원  홍성우 이연우
인쇄  천광인쇄

출판등록   1992년 3월 4일 제4-172호
주소       서울시 광진구 천호대로132길 15, 세종 SMS 빌딩 3층
전화       마케팅 (02)778-4179, 편집 (02)775-7011 | 팩스 (02)776-4013
홈페이지    www.sejongbooks.co.kr | 블로그  sejongbook.blog.me
페이스북    www.facebook.com/sejongbooks | 원고 모집  sejong.edit@gmail.com

ISBN 978-89-8407-782-9 (03320)

이 도서의 국립중앙도서관 출판시도서목록(CIP)은 서지정보유통지원시스템
홈페이지(http://seoji.nl.go.kr)와 국가자료공동목록시스템(http://www.nl.go.kr/kolisnet)에서
이용하실 수 있습니다.(CIP제어번호: CIP2020004380)

- 잘못 만들어진 책은 바꾸어드립니다.
- 값은 뒤표지에 있습니다.